Karl A. Kubinzky

HISTORISCHES AUS GRAZ

Geschichte und Geschichten

leykam: SACHBUCH

Umschlagbild:
Der Architekt und Architekturmaler Nicolas Marie Joseph Chapuy (1790–1858) veröffentlichte 1856 ein Grafikalbum zur neuen Südbahn Wien–Triest. Zur Graz-Ansicht schuf er auch ein Ölbild, von dem hier ein Ausschnitt gezeigt wird. Eine Kettenbrücke verband 1845 bis 1890 die Murufer.

© Leykam Buchverlagsgesellschaft m.b.H. Nfg. & Co.KG, Graz – Wien 2021

Kein Teil des Werkes darf in irgendeiner Form (durch Fotografie, Mikrofilm oder ein anderes Verfahren) ohne schriftliche Genehmigung des Verlages reproduziert oder unter Verwendung elektronischer Systeme verarbeitet, vervielfältigt oder verbreitet werden.

Bildmaterial: Wenn nicht anders angegeben aus der Sammlung Kubinzky
Umbruch: Gerhard Gauster
Lektorat: Rosemarie Konrad
Gesamtherstellung: Leykam Buchverlag

ISBN 9783-7011-8209-1

www.leykamverlag.at

Inhalt

Vorwort von Mag. Siegfried Nagl	7
Vorwort des Autors	9
Graz: Provinz oder Weltstadt?	11
Einen Plan von Graz haben	15
Johanns Erbe lebt	19
Wie die Straßen laufen	23
Wo war die Krefelderstraße?	27
Kennen/können Sie Grazerisch?	33
Kein 890-Jahre-Jubel	37
Reformation und Gegenreformation	41
Als der Schloßberg grün wurde	45
Ungesunde Zeiten	49
Verlust und Trauer in Graz – eine Betrachtung im Herbst	53
Spuren der Geschichte	57
Der Fürst mit drei Namen	61
Als in Graz die Industrie entstand	67
Zahlen und Menschen	71
Wer war Lilienthal?	75
Auf dem Weg in die Moderne	79
Vier Hufe für den öffentlichen Verkehr	83
Mit der Roten Tram nach Mariatrost	87
Ringsrum im 2er	91
Die Krankenhausstadt – wie sie entstand	95
Baugeschichte des Ungebauten	99
Frühe Werbung	103
Tradition verpflichtet(e)!	107
Gestern! Heute! Morgen?	111
Was geschah im November 1918 in Graz?	115
Weihnachten 1919 und 1969	119
Der geheimnisvolle DU-Wagen	123
Graz im März 1938 – davor und danach	127

Minus 59 Jahre – Graz vor zwei Generationen	131
Erinnern Sie sich noch an das Graz der 50er-Jahre?	135
Für Sicherheit und Ordnung	139
Haushohe Flammen ...	143
Von Besen, Kübeln und Fässern	147
Weihnachten 1970	151
Die Geehrten	155
Vielfalt und Einheit	159
Geheime Zeichen auf der Wand	165
Von der Stadtmitte und dem Stadtrand	169
Im Spiegelbild der Zeitungen	173
Im Mittelpunkt: der Grazer Hauptplatz	177
Unser Erzherzog Johann am Hauptplatz	181
Der Bildersturm am Rathaus anno 1957	185
(K)eine Sackstraße	189
Vom Zirkus zur Oper	195
Einst im Steirerhof	201
Unsere Ringstraßen	205
Die Geschichte eines Denkmals	211
Zweimal Neutorgasse – oder doch nur eine?	217
Der Kaiser-Josef-Platz – typisch Graz	221
Die Verbürgerlichung im Grazer Osten	225
Zwischen Kepler- und Radetzkybrücke	229
Der XVII. und jüngste Bezirk	235
So nah bei Graz: der Thalersee	241
Michaela Krainz: Jäger und Sammler mit Graz-Bezug	245

Liebe Leserinnen und Leser!

Aller guten Dinge sind (vorerst) drei. Was in unserer BIG („BürgerInneninformation Graz") schon seit Langem Kultstatus hat, ist hier nach 2010 und 2016 nun ein weiteres Mal in Buchform gesammelt nachzulesen: „Historisches aus Graz" von Professor Karl A. Kubinzky.

Thomas Carlyle hat schon im 18. Jahrhundert einen wichtigen Gedanken formuliert: „In Büchern liegt die Seele aller gewesenen Zeit." Auch

© Kanizaj Marija.

wenn dieser Satz in seiner Allgemeinheit wohl ein wenig zu optimistisch ist, für die Publikationen von Professor Kubinzky trifft er punktgenau zu. Wenn er über das historische Graz schreibt, führt er uns nicht nur in die Vergangenheit, sondern nimmt uns regelmäßig an Orte mit, an denen diese Geschichte höchst lebendig in Gegenwart und Zukunft wirkt.

Stadtgeschichte ist immer mehr als nur das, was war.

Die hier versammelten Texte laden uns ein, unsere Bilder und Erinnerungen an den historischen Fakten zu überprüfen. Und sie zeigen uns vor allem auch eines: Unser Graz war schon immer eine besondere Stadt! Viel Freude beim Lesen!

Mag. Siegfried Nagl
Bürgermeister der Landeshauptstadt Graz
von 2003 bis 2021

Vorwort des Autors

© Foto Furgler.

Hurra! Das neue BIG-Buch über Alt-Graz ist da!

Im Jahr 2016 erschien Band II meiner unter dem Titel „Historisches aus Graz" abgedruckten Beiträge in der „BürgerInneninformation Graz", kurz BIG genannt. Seither gab es in der BIG wieder über 50 neue Beiträge über das alte Graz. Und so haben wir – ich als Autor und Sie, liebe Lesergemeinde – die Chance für einen Band III bekommen. So unterschiedlich die einzelnen Beiträge sind, sie bringen als Mosaik ein Muster lokaler Graz-Geschichte. Das Wissen um die Vergangenheit unseres Lebensraums Graz erscheint mir als ein wichtiger Beitrag zur Identifikation, Bürger von Graz zu sein.

Sie wollten schon immer wissen, wer Grazer Ehrenbürger ist, welche Betriebe einst Hoflieferanten waren und was es mit der „Roten Tram" auf sich hat? Über 300 Abbildungen aus der „Sammlung Kubinzky" runden das Bild von Graz in diesem Buch ab. Vergangenheit, Gegenwart und Zukunft hängen auch bei uns zusammen. Eine magische Zimmerreise führt uns in die Geschichte und wieder zurück.

Damit dieses Werk nicht nur eine Dokumentation meiner Beiträge der letzten fünf Jahre in der „BürgerInneninformation" ist, wurde die Zahl der Abbildungen wesentlich erhöht. Einige Beiträge wurden auch aktualisiert. Auch dieses Buch ist nicht ohne Hilfe entstanden. So danke ich einigen Historikerkollegen, willigen Auskunftsgebern, dem BIG-Team der Gemeinde und dem Verlag Leykam (Wolfgang Hölzl, Dagmar Holzmann) sowie der Lektorin Rosemarie Konrad. Ohne Käufer und Leser hätte das Buch keinen Sinn, so sei auch ihnen gedankt.

Karl Albrecht Kubinzky

Graz: Provinz oder Weltstadt?

Keines von beiden oder aber vielleicht sogar beides? In der Gegenwart freuen wir uns beispielsweise, Europäische Kulturhauptstadt (2003) und Teil des UNESCO-Welterbes (1999, 2010) zu sein.

„Zarenvilla", Krottendorfer Straße 30; wikipedia, wolf32a, 2011.

Vier Universitäten und unter anderem eine beachtliche Autoindustrie schmücken uns. Aber das ist sicher nicht alles! Wie war das in der Geschichte? Es gibt viele Spuren der internationalen Geschichte. Hier können aber nur subjektiv ausgewählte Beispiele genannt werden.

Eine, übrigens im Original verloren gegangene Urkunde mitteleuropäischer Bedeutung wurde in Graz am frühen Abend des 30. September 1382 auf unserem Schloßberg unterzeichnet. Das Dokument bestätigte die freiwillige Unterschutzstellung mit Rechten und Pflichten der Stadt Triest unter die Herrschaft Herzog Leopolds III., begründete also indirekt die 600-jährige Verbindung zu Österreich.

Oper (1899) als Monumentalbau; Foto, um 1930.

Das portugiesische Wappen am Hauptportal des Doms erinnert an Eleonore aus der Dynastie Avis, die Gattin Kaiser Friedrichs III. Kaiserliche Besuche, Denkmäler und Straßennamen bezeugen die Verbindung von Graz mit der überregionalen Geschichte. Dem Zeitgeist entsprechend waren es in der Vergangenheit besonders die Herrscher, denen als Einzelpersonen Bedeutung zugeschrieben wurde. Die Grazer Regierung Erzherzog Karls II. von Innerösterreich und jene seines Sohns Ferdinand, der 1619 als Kaiser Ferdinand II. nach Wien zog, waren sicher Höhepunkte der Grazer Stadtgeschichte. Und dies trotz einer heute kritischeren Beurteilung jener Zeit, als dies in der Vergangenheit der Fall war. Graz war ein Zentrum der Reformation und besonders eines der Gegenreformation.

Im Eisenbahnzeitalter gewann Graz durch seine Lage an der klassischen Südbahnstrecke Wien–Triest an Bedeutung. Um 1900 war die Stadt auch zu einem Industriezentrum geworden. Gleichzeitig wurde Graz aber auch als ruhige Provinzstadt, als „Pensionopolis", bezeichnet. Graz, das in Meyers Blitz-Lexikon (1932) als „Rentnerstadt" hervorgehoben wurde, war auch ein bevorzugter Ort für exilierte Herrscher bzw. Politiker. So lebten in der Herdergasse 3 Napoleons Bruder Louis Bonaparte und der Kurzzeitfürst Alexander von Bulgarien (Prinz Battenberg, Graf Hartenau) in seinem Palais Ecke Leech- und Hartenaugasse.

Findet man mit etwas Mühen in Zedlers Universallexikon (1731–1754) im elften Band den Beitrag über „Grätz oder Creutz", dann kann man lesen, dass dies eine prächtige Stadt in „Nieder-Steyermarck" sei. Schloßberg, Residenz (Burg), Universität und das Jesuitenkolleg werden in den meisten alten Enzyklopädien beim Stichwort Graz erwähnt. Fragt man nach historischen Highlights im Graz der Gegenwart, so werden oft das Zeughaus und das Schloss Eggenberg genannt. Erst in den letzten Jahren wurde der im Schloss Eggenberg zu sehende Wandschirm mit einer Abbildung vom japanischen Osaka aus dem 17. Jahrhundert bekannt und berühmt.

Die Burg in der Hofgasse; Kupferstich von Merian, 1699.

Eine weltstädtische Murbrücke (1891–1964).

Von Schwesterstädten und Partnerstädten

Zur Zeit des Kalten Kriegs wurde – offenbar auf höherer Ebene ausgesucht – 1950 die US-Kleinstadt Montclair (New Jersey) zur „Schwesterstadt" von Graz ausgewählt. Es folgten bis in die Gegenwart zwölf Städte, die nun sachlich als „Partnerstädte" bezeichnet werden. Tafeln im Rathaus und am Schloßberg zählen unsere urbanen Partner auf. Da diese Städte ausschließlich in Europa liegen, besteht wenig Risiko, für diese Partner Entwicklungshilfe zahlen zu müssen.

41 Staaten haben gegenwärtig in Graz in Form eines Honorarkonsulats eine diplomatische Vertretung. In den schwierigen 30er-Jahren gab es hier zeitweise auch schon zehn Konsulate. Mit Slowenien trennt und verbindet uns eine jahrhundertelange gemeinsame Geschichte. So war Graz lange die Hauptstadt eines großen Teils des heutigen Staates Slowenien. Selbstverständlich lebten und arbeiteten viele steirische Slowenen in Graz, auch wenn dies durch die Volkszählungen der Vergangenheit nicht besonders beweisbar ist. Unsere Universität war für viele Slowenen durch lange Zeit die höchste Ausbildungsstätte. Dadurch, dass Laibach/Ljubljana erst 1919 und Triest/Trieste/Trst erst 1924 eine eigene Universität erhielten, war die Universität Graz lange Zeit für viele Studenten aus dem Raum Friaul-Triest und Krain-Slowenien der Ort ihrer akademischen Ausbildung.

Die Partnerstädte von Graz im Vestibül des Rathauses.

Graz für US-Amerikaner

Wenn man beispielsweise US-Amerikaner durch Graz führt, ist es sinnvoll, nicht nur auf „unseren Arni" hinzuweisen. Es gibt auch eine Gruft der Familie Washington am Evangelischen Friedhof, und ab 1952 gab es im Haus Hamerlinggasse 8 das „Amerika-Haus" als Propaganda- und Kulturvermittler der USA. Auch wenn das nicht für jeden gleich nachvollziehbar ist, das „Lichtschwert" von Hartmut Skerbisch (1992) vor der Oper ist ein technischer und geistiger Verwandter der New Yorker Freiheitsstatue. AIMS organisiert jährlich eine musikalische Brücke für junge Amerikaner.

Von Moskovitern und der Roten Armee

Was könnte einen Graz besuchenden Russen beeindrucken? Das überlebensgroße Standbild von Sigmund von Herberstein (1486–1566) am Rathaus gibt es leider seit 1957 nicht mehr. Trotzdem können wir im historischen Raum Krain-Steiermark über unseren Pionier des Russlandwissens stolz sein. Unter der Adresse Krottendorfer Straße 30 kann die „Zarenvilla" (1892) im russischen Jugendstil bewundert werden. In dem noblen Gästehaus wohnten um 1900 russische Naturwissenschaftler, die in Graz ihr Wissen erweiterten. 1945 stand Graz drei Monate lang unter der Militärverwaltung der Roten Armee. Es waren besonders Verbände aus der Ukraine in unserer Stadt. Am Zentralfriedhof erinnert an die Gefallenen jener Armee ein Denkmal – im Zeitgeist mit Sowjetstern, Hammer und Sichel. Eine ganz andere Gedenkstätte wurde den 1809 gefallenen Franzosen in der Viktor-Franz-Straße im Jahr 1913 gewidmet.

Eine Story, die sich beliebig fortsetzen ließe. Haben Sie Beispiele für „Graz: Provinz oder Metropole"?

Einen Plan von Graz haben

Neue Informationstechniken haben den traditionellen Stadtplan weitgehend überflüssig gemacht. Er lebt aber auch in den heutigen Kommunikationsformen weiter. Als Wissensspeicher für die Stadtgeschichte sind historische Pläne interessant und lehrreich. Hier einige Beispiele.

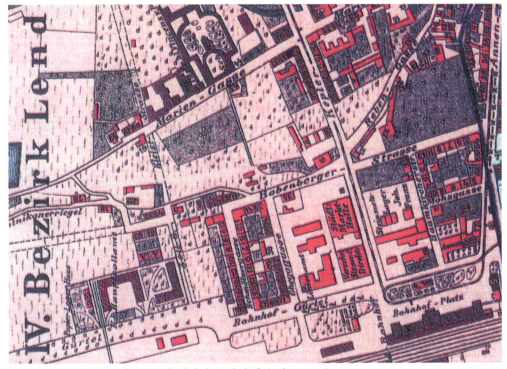

Stadtplan um 1905, Ausschnitt nordöstlich des Bahnhofs (rechts unten).

Erst seit der Mitte des 19. Jahrhunderts gibt es von Graz Stadtpläne. Was zuvor gezeichnet oder gemalt war, wurde nun in unterschiedlicher Qualität und verschiedenen Maßstäben gedruckt. Von 1896 bis 1939 war den Grazer Adressbüchern ein gefalteter Stadtplan beigebunden. Oft überlebte der Plan das Buch, indem er herausgeschnitten wurde. Je nach Maßstab (1:10.000 und 1:15.000) wurde mehr oder weniger vom Stadtrand dargestellt.

Fast eine kartografische Kostbarkeit ist der bei Leykam verlegte Graz-Plan im Maßstab 1:5760 aus der Zeit um 1905. Oft wird Graz auf älteren

Plänen mit den damaligen Stadtgrenzen, also nur die Bezirke I bis VI, inselartig ohne die Gebiete jenseits dieser Grenze (nun die Bezirke VII bis XVII) gezeigt. Dagegen ist hier detailfreudig viel von dem dargestellt, was damals noch außerhalb von Graz lag. Auch die Hausnummern der Vorortgemeinden wie Engelsdorf, St. Peter oder Gösting sind ablesbar. Viele Details geben einen guten Einblick in die Zeit der Entstehung des Plans. Eine Pointe: Die Zeichenerklärung bringt auch eine Signatur für „Anstaltsorte für Herren und Damen" und eine für die im holprigen Französisch bezeichneten „Pissois". Im Plan selbst sind diese Orte körperlicher Erleichterung allerdings kaum zu finden.

Druckwerke werden Sammelobjekte

Zweieinhalb Quadratmeter ist ein bei Leykam verlegter Graz-Plan im Maßstab 1:5000 groß (undatiert, 1930er-Jahre). Die Ausführung und der Druck des in vier Teilen ausgeführten Plans lagen beim Kartographischen, früher Militärgeographischen Institut in Wien. So ganz war das Wiener Institut nicht informiert. Einerseits findet sich am Plan in Wetzelsdorf noch die Habsburger Straße (1919: Peter-Rosegger-Straße), andererseits sind schon das Sendergebäude der RAVAG in St. Peter (1929) und die Jakob-Dirnböck-Gasse (1929) eingezeichnet. Möglicherweise haben Fehler dazu geführt, dass der großmaßstäbige und in Details interessante Plan sichtlich keine erhebliche Auflage erhielt. In Graz (Bezirke I bis VI) sind Hausnummern eingezeichnet. Außerhalb von Graz, in den Vorortgemeinden, fehlen diese. Hier sind noch die großen Freiflächen statt der heutigen Verbauung am Stadtrand zu sehen. Umso auffallender sind die relativ wenigen Gebäude und Siedlungen dort. Ein Beispiel dafür ist der Meierhof Hart mit seinen Teichen.

Detail des Stadtplans von 1943, der 1945 für die Rote Armee mit zyrillischer Schrift herausgegeben wurde.

Selten ist auch der „Plan von Graz, herausgegeben von der Hauptvermessungsabteilung XIV, Neuvermessungsamt Groß-Graz, 1. vorläufige Ausgabe 1943, 1:15.000" in seiner 1945er-Variante. Dieser Plan zeigt Graz mit den neuen Grenzen nach der Stadterweiterung von 1938. Die detaillierte Darstellung mit Höhenschichtlinien für 5, 10, 20 und 100 Meter weist die zeittypischen Straßennamen und Siedlungsbezeichnungen auf. So gibt es die Krefelder Straße (nun Annenstraße) und z. B. die Rauchsiedlung, die Pichler-Siedlung oder die Frühmannsiedlung. In der Fischerau von Gösting ist der Grundriss des großen Pferdelazaretts zu erkennen. In der Druckvariante von 1945, hergestellt für die Rote Armee der Sowjetunion, wurden wichtige topografische Namen wie die der Bezirke und Hauptstraßen zusätzlich in zyrillischer Schrift dargestellt. In unangebrachter bürokratischer Korrektheit, wohl aber ab 9. Mai 1945 nicht mehr aktuell, gibt es auf diesem Plan auch die Adolf-Hitler-Straße auf Zyrillisch zu lesen. Da diese Buchstabenübertragung (Transliteration) vor dem 9. Mai zu schwerster Verfolgung geführt hätte, ist die exotische Variante des Stadtplans 1943 als eine skurrile Schnellleistung in den drei Monaten russischer Besatzung zu betrachten.

Für die Freunde von Stadtplänen ist es eine interessante Herausforderung, dort Fehler zu finden. Besonders bei billigen Varianten offizieller Pläne geht oft etwas schief. So kämpfen Pläne immer wieder mit der richtigen Schreibung der Trauttmansdorffgasse. Ein anderes Mal wird aus einer undeutlich gedruckten Hausnummer „4" das Kreuzzeichen für eine Kirche. Lange gab es noch das längst abgebrochene Haus Neutorgasse 40 zu sehen. Der Wunsch, besonders aktuell zu sein, führte oft zu einer schnellen Unaktualität.

Kommende Leech mit Zinzendorfgasse und Harrachgasse. Es fehlt um 1800 noch die Elisabethstraße.

Planzukunft hat begonnen

Alte Pläne von Graz wurden zu historischen Dokumenten. Je älter, je größer und inhaltsreicher, je geringer die Auflage sind die Kriterien für Freunde kartografischer Denkmäler. Seit Mitte des 20. Jahrhunderts versorgte besonders der Wiener Verlag Freytag & Berndt Graz mit Stadtplänen. Der größte dieser Pläne hat den Maßstab 1:12.500 und zeigt auch viele Hausnummern. Ausdrücklich wird auf die Zusammenarbeit mit dem Stadtvermessungsamt Graz hingewiesen. In der Gegenwart besiegte die Handynavigation den klassischen Stadtplan. Google Maps und das Internetangebot der Stadt konkurrieren. Der Plan des Stadtvermessungsamts kann bis zu 1:1000 vergrößert werden und dementsprechend viele Details zeigen. Was bis vor wenigen Jahrzehnten zumindest theoretisch noch unter der rechtlichen Hoheit des Bundesministeriums für Landesverteidigung stand, nämlich Luftbilder besserer Qualität von Graz, ist heutzutage im Internet zum Allgemeingut geworden. Haben die neue Vielfalt und Qualität zu einer besseren Vorstellung von Graz als Grundriss und einer guten Orientierung geführt? Testen wir es! Zeichnen Sie eine Übersicht der Bezirke und wichtigen Straßen! Wie schaut die unmittelbare Umgebung Ihrer Wohnung, Ihres Arbeitsplatzes, Ihres Lieblingsplatzes in Graz als schnelle Zeichnung aus?

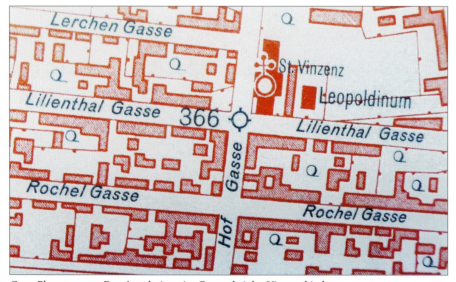

Graz-Plan um 1930. Der Ausschnitt zeigt Gassen bei der Vinzenzkirche.

Johanns Erbe lebt

Was 1811 als private Schenkung Erzherzog Johanns begann, hat sich als Joanneum zur bedeutendsten Kultureinrichtung der Steiermark entwickelt.

Das neobarocke Kunstgewerbliche Museum in der Neutorgasse, 1895.

Das Landesmuseum Joanneum, das sich aufgrund seines weiten Sammlungsprogramms seit 2009 Universalmuseum nennt, stellt stolz fest, dass es nach dem Kunsthistorischen Museum in Wien der zweitgrößte Museumskomplex Österreichs ist. Es ist auch nach eigener Definition das älteste Museum Österreichs. Graz besitzt laut Museumsverband gegenwärtig fast 40 Museen. Dem Joanneum sind davon 13 zuzurechnen. Außerhalb von Graz gibt es unter anderem Joanneumseinrichtungen in Trautenfels, Stainz, Wagna und in Stübing. In Graz sind die Standorte das Joanneumsviertel für Kunst und Naturwissenschaft zwischen Neutorgasse und Raubergasse und die Sammlungen im Schloss Eggenberg, im Museum für Geschichte (Palais Herberstein), im Zeughaus, im Volkskundemuseum und im Kunsthaus.

Stabilität und Veränderung

In der Zugehörigkeit zum Joanneum gab es im Laufe vieler Jahrzehnte mehrfach ein Kommen und Gehen. Das Zeughaus wurde beispielsweise erst 1892 eine Abteilung des Joanneums. Auch die Landesbibliothek und das Grazer Stadtmuseum waren einmal ein Teil des Joanneumsverbands. Ebenso war das Landesarchiv organisatorisch mit dem Landesmuseum verbunden. 2003 wurde das Künstlerhaus ein Teil des Joanneums. 2019 wurde das Österreichische Freilichtmuseum in Stübing dem Joanneum eingegliedert. Der große Botanische Garten zwischen der Landhausgasse und der Radetzkystraße ging in den späten 1880er-Jahren verloren, das neobarocke Kunstgewerbemuseum in der Neutorgasse entstand (1895). Dessen Inhalt, z. B. geschmiedete Friedhofskreuze, verschwand in ein Magazin, und vor etlichen Jahren zog hier die Neue Galerie ein. Diese wiederum beginnt mit ihrer Aktivität in Ergänzung zur Alten

Schmiedeeiserne Gegenstände waren einst eine Attraktion im Joanneum, Neutorgasse 45.

Der Botanische Garten des Joanneums mit dem alten Joanneumsgebäude auf einem Bild von Johann Passini, 1865.

Galerie im Schloss Eggenberg schon um das Jahr 1800. Dies, weil ihre Sammeltätigkeit früh im Rahmen der Landesbildgalerie einsetzte. Die Archäologie fand im Eggenberger Schlosspark in einem modernen Gebäude eine neue Heimat. Der Gebäudekomplex der Volkskunde in der Paulustorgasse wurde gerade umgebaut und neu strukturiert, der Tierpark Herberstein mit dem Joanneum verbunden.

2003 entstand als Organisationform des Joanneums eine gemeinnützige GmbH, das Land Steiermark ist allerdings rechtlich und finanziell weiter mit seinem Universalmuseum eng verbunden. Gegenwärtig führen das Joanneum mit seinen mehr als 500 Beschäftigten Wolfgang Muchitsch und Alexia Getzinger. Sehr grob berechnet kosten Gebäude und Verwaltung 30 Prozent, das Personal 60 Prozent und Ausstellungen und Marketing jeweils rund zehn Prozent des Budgets.

Graz statt Innsbruck

Schon 1808 gab es Überlegungen zu einer erzherzoglichen Schenkung. Am 26. November 1811 überreichte dann Erzherzog Johann seine Schenkungsurkunde den versammelten Ständen des Herzogtums Steiermark in der Landstube. Vollständig rechtlich gültig wurde der auch von Kaiser Franz genehmigte Vertrag erst mit dem Tod Johanns (1859). 1810 schrieb „unser Johann", dass er seine Sammlungen der Universität Innsbruck, dessen Rektor er ehrenhalber war, übergeben wollte, Tirol aber – siehe Franzosenkriege – nicht bei Österreich sei. So wählte er, nun emotional mit dem Land verbunden, die Steiermark für die großzügige Stiftung.

Der Standort für die bald „Joanneum" genannte Museums- und Lehranstalt war anfangs unklar. So waren unter anderem das Ferdinandeum und das ehemalige Karmeliterkloster (Monturdepot) im Gespräch. Schließlich wurde der Lesliehof (Lambrechterhof) in der Raubergasse dafür ausgewählt, den das Land gerade ersteigert hatte. In der Übergabeurkunde für ein „Steiermärkisches Nationalmuseum" formuliert der spendende Erzherzog: „(Es soll ...) zur Geistesbildung der steiermärkischen Jugend, zur Erweiterung der Kenntnisse, Belebung des Fleißes und der Industrie der Bewohner Steiermarks verwendet werden."

Forschen und Ausstellungen

Das Programm, dass das Joanneum gleichzeitig Museum und Lehranstalt sein sollte, war höchst wertvoll, aber auf die Dauer nicht einzuhalten. So trennten sich beide Einrichtungen. 1865 ging daraus die Technische Hochschule hervor, die neun Jahre späte vom Staat übernommen wurde. 1888 war die Neue Technik, die nun die Alte Technik ist, in der Rechbauerstraße fertiggebaut. Die Technische Universität (1975) trägt daher auch den Namen „Erzherzog-Johann-Universität". Als die technisch-naturwissenschaftliche Ausbildung noch im Gebäudekomplex des Joanneums in der Raubergasse stattfand, gab es hier, zwar nur kurz und nicht abschlussreif, den Studenten Nikola Tesla, ein Weltgenie technisch-elektrischer Entwicklungen.

Sammeln und Ausstellen ist jedoch zu wenig. Und so ganz hat das Joanneum als Museum das Forschen und Lehren nicht verlernt. Ein Teil des Personals ist einschlägig wissenschaftlich qualifiziert, und der jährliche Tätigkeitsbericht führt eine Reihe von Projekten und Publikationen an.

Unter dem Titel CoSA (Center of Science Activities) gibt es seit Kurzem eine interaktive Ergänzung der naturwissenschaftlichen Abteilung des Joanneums primär für Jugendliche, wohl aber auch für Erwachsene.

Das Joanneum in seiner heutigen Form und Organisation ist jedenfalls mehr als nur ein Ziel für verregnete Wandertage von Schülern. Seine Vergangenheit ist dokumentiert, seine Gegenwart erschaubar und die Zukunft hoffentlich erfolgversprechend. Übrigens sind auch Schüler natürlich immer herzlich willkommen!

Wie die Straßen laufen

Graz hat fast 1800 Straßen, Gassen, Alleen, Plätze und andere Namen tragende Örtlichkeiten. Wir benutzen sie meist täglich. Warum aber führen diese so, wie sie verlaufen? Ist das Zufall oder Absicht?

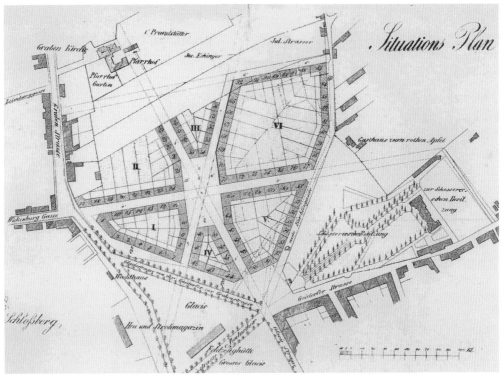

Der nur teilweise realisierte Ausbauplan von 1845 zeigt den Bereich um die spätere Humboldtstraße (Bildmitte waagrecht). Links seitlich die Grabenstraße, rechts seitlich die Geidorfer-Straße (nun Heinrichstraße).

Vordergründig ist eine Straße einfach die kürzeste Verbindung von A nach B. In Wirklichkeit ist das aber nicht so einfach. Besitzgrenzen und eine Reihe von möglichen Hindernissen und Überlegungen führen Straßen und natürlich auch Gassen so, wie sie heute verlaufen. Viele der heute breiten Hauptstraßen haben als schmale und unbefestigte Wege begonnen. Flurgrenzen und Feldwege wurden zu Straßen. Die Sporgasse ist in Umgehung des Schloßbergs als typisch mittelalterliche Verbindung über den Terrassenhang nicht nur frei vom späteren Ideal der

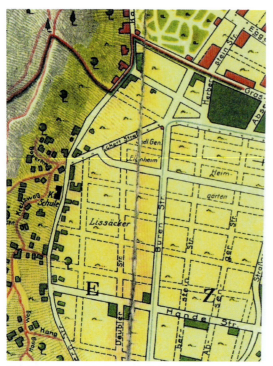
Das Bauamt der Marktgemeinde Eggenberg entwickelte 1925 ein einfaches Rastersystem für künftige Straßen.

Geradlinigkeit, sondern mildert so auch etwas das starke Gefälle bzw. die Steigung. Bei der Stempfergasse ist einerseits ebenfalls kein Zwang zur Geradlinigkeit festzustellen, vermutlich gab dort ein Gerinne den Verlauf vor. Festzustellen, wie weit sich an der Kreuzung Stempfergasse und Bindergasse ein alter Siedlungskern befand, ist Aufgabe der Stadtarchäologie. Parallel zur Herrengasse, die bis ins späte 19. Jahrhundert im Süden bescheiden endete, entwickelten sich Schmiedgasse und Färbergasse als bürgerliche Gassen. Als man im Hochmittelalter einen zentralen Platz brauchte, wurden für den neuen Hauptplatz dort die Häuser entfernt.

Erbe der Geschichte

Die scharfe und immer wieder unfallträchtige Kurve vom Burgring zum Opernring zeichnet den äußeren Verlauf der Dietrichsteinbastei nach. Das System von Fischer-von-Erlach-Gasse, der Frauengasse und der Jungferngasse markiert einen internen Gassenverlauf des mittelalterlichen Judenviertels (Ghetto). Der Verlauf der Grazbachgasse ist leicht erklärbar. Sie zeichnet den Bach vor dessen Überdeckung nach. Die Mur ist gleichzeitig Hindernis und Verbindungsbühne. So fand die erste Überbrückung und deren mehrere Nachfolger bis heute dort statt, wo nach der Einengung durch den Schloßberg der Fluss wieder etwas breiter und damit wohl auch seichter war.

Unter dem Begriff „Assanierungen" wurden im späten 19. Jahrhundert ohne besondere partizipative Verhandlungen etliche Straßenverläufe begradigt und allfällige Hindernisse beseitigt. So wurde beispielsweise die Landhausgasse von der Raubergasse zur Neutorgasse erweitert.

Die neue Albrechtsgasse um 1840 ist eine Verbindung vom Hauptplatz zu einer damals erstmals geplanten Brücke (Albrechtsbrücke, nun Tegetthoffbrücke). Jahrzehnte später wurde in der Grabenstraße das Maria-Theresien-Schlössl als Verkehrshindernis abgebrochen. Dort entstand dann jene mehrspurige Straße, die einst als „Stöffler-Autobahn" bezeichnet wurde. Um die Grabenstraße zu entlasten, verlängerte man die Bergmanngasse nach Norden.

Die Elisabethstraße wurde stadtauswärts auf die Leonhardkirche ausgerichtet.

Geometerstraßen

Dem stadtplanerischen Auftrag des späten 19. Jahrhunderts folgend, haben die neuen Hauptstraßen jener Zeit einen ausgewählten Zielpunkt in der Stadtmitte. Sie wurden vor dem

Projektionspunkt der Annenstraße ist die Franziskanerkirche.

Einsatz moderner Verkehrsmittel zukunftssicher breit angelegt. Die quer durch die ältere Verbauung geplanten neuen Straßen werden als Geometerstraßen bezeichnet. Vom Westen und dem Bahnhof ist die neue Annenstraße auf den Turm der Franziskanerkirche ausgerichtet. Die damals neue Hauptstraße aus dem Süden (Name seit 1935: Conrad-von-Hötzendorf-Straße) hat den Uhrturm als optisch dekorativen Bezugspunkt. Vom Osten in die Stadt führend wurde die Leonhardstraße durch die neue Elisabethstraße entlastet. Sie ist stadtauswärts auf die Leonhardkirche ausgerichtet. Die in ihrem Großteil gerade auf den Schloßberg fokussierte Theodor-Körner-Straße bildet zur ebenfalls neuen Keplerstraße einen rechten Winkel.

Die spätestens aus der Frühen Neuzeit stammende Hauptverkehrslinie von Nord nach Süd hatte mit der Erweiterung des Lendplatzes und des Griesplatzes ihre zwei vorstädtischen Plätze. Dort, wo die Nord-Süd-Linie sich mit der Ost-West-Hauptstraße kreuzt, entstand der Murplatz (Südtiroler Platz). Die Stadtplanung des späten 19. Jahrhunderts sah rund um die Stadtmitte ein hochrangiges Straßensystem, den Gürtel, vor. Wenige Teile wie der Kalvariengürtel oder der Geidorfgürtel wurden damals quer durch die Vorstadtverbauung realisiert, vieles blieb Planung. Davon wurde um 1970 der Gürtel im Westen geschlossen. Ebenfalls im späten 19. Jahrhundert plante und baute man in den Bezirken St. Leonhard und Geidorf Häuserblöcke mit geschlossener Häuserfront und Freiflächen im Inneren. Die Straßenplanung erfolgte am Zeichentisch. Man war auf Ordnung und Symmetrie bedacht, und alles sollte zukunftssicher, eindrucksvoll und „schön" sein. Schließlich wollte man für die Grundstücke im Erschließungsgebiet einen guten Preis erzielen.

Auch am Stadtrand

Der Plan der Marktgemeinde Eggenberg aus dem Jahr 1925 (Engelhartplan) zeigt die vielen damals geplanten Straßen, die einfach nach einem Muster von künftiger Realisierung in rechtwinkeligen Blöcken eingezeichnet sind. Eine der Häufungen solcher „Zukunftsstraßen", so der damals verwendete Begriff, befand sich zwischen der Baiernstraße (damals Bayerstraße) und der Straßganger Straße. Die Triester Straße liegt südlich des Zentralfriedhofs etwas erhöht auf einem postglazialen Terrassenrand. Anders nutzte die Münzgrabenstraße (Name von Minze, nicht Münze) die Vorgabe einer leichten Hangstufe. Die Mariatroster Straße folgt im hochwassersicheren Abstand dem Bach. Der Hochleitenweg im Bezirk Puntigam markierte bis 1938 die Stadtgrenze. Aus der Zeit vor der Plüddemanngasse, die das Ergebnis einer späten Ausbauphase ist, ragten einige Parzellen der Nachbargemeinde Waltendorf nach Westen. Diese wurden dann unter dem dafür typischen Namen Am Ring ringartig verbaut und kamen erst samt ihrer Gemeinde 1938 zu Graz.

So haben auch Straßen ihre Geschichte. Wie ist das bei Ihnen zu Hause? Ein Blick in alte Stadtpläne hilft oft bei der historischen Erklärung.

Wo war die Krefelderstraße?

Viele unserer Straßennamen kamen und gingen aber auch wieder.
Hier soll ein Überblick der ehemaligen Bezeichnungen gegeben werden.

Die nach dem Vater von Kaiser Franz Joseph benannte Brücke wurde 1918/19 zur Hauptbrücke.
2009 erhielt die Nachfolgebrücke den Namen Erzherzog-Johann-Brücke.

Vorweg, die Vergabe von Straßennamen und deren allfällige Änderung ist allein Sache des Gemeinderats. So spielen der Zeitgeist und die nach politischen Parteien sortierte Zusammensetzung des Gemeinderats eine wichtige Rolle. Einerseits gibt es kein ewiges Anrecht auf eine Straßenbezeichnung. Und andererseits gibt es deutliche Aussagen, dass die Mehrheit der Bewohner mit ihrer Adresse, egal, was sie bedeutet, zufrieden ist. Ein Argument in diesem Zusammenhang ist, dass ein Namenswechsel nicht nur von der Stadt und damit dem Steuerzahler, sondern auch von den Betroffenen Kosten und bürokratisch-organisatorischen Aufwand verlangt. Als Konsequenz will die Stadtgemeinde nun Personennamen auf Zusatztafeln erklären und kommentieren.

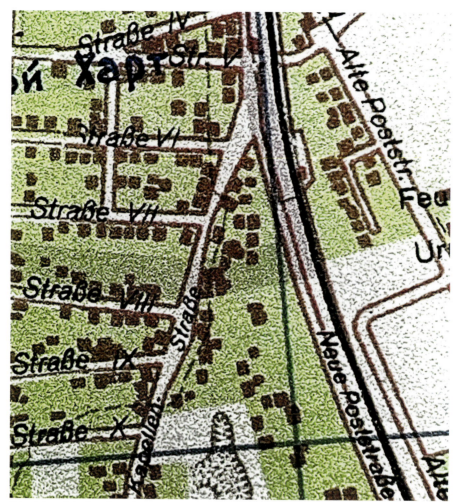

Die nicht originellen Bezeichnungen Straße I bis Straße X westlich der Kärntner Straße in Neu-Hart bekamen 1951 Personen- und Berufsbezeichnungen.

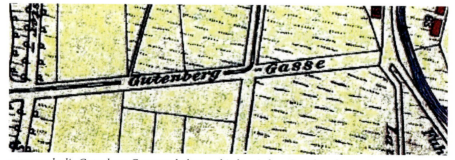

1949 wurde die Gutenberg-Gasse nach dem architektonischen Gestalter des Zentralfriedhofs, Karl Lauzil, benannt.

Für die Vergabe von Namen sind die „Grundsätzlichen Richtlinien für Straßenbenennungen", zuletzt vom Gemeinderat 2017 beschlossen, rechtsgültig. Es gibt aber auch Abweichungen davon, wie zuletzt die Umbenennung des Wagramer Wegs in Brauquartier. Auch wann Bindestriche zu setzen oder ob Titel oder Vornamen zu ergänzen sind, scheint einen Interpretationsspielraum zu haben. Manche Namen sind auch falsch geschrieben, so Varen(n!)aweg oder Roß(s!)manngasse.

Rund eine Hälfte der Straßenbezeichnungen ist Personen oder Familien gewidmet, die andere Hälfte hat Berufe, besondere Gebäude, Ereignisse, Naturbegriffe und Ähnliches zum Inhalt. Bei Neuvergaben dominieren die Personenbezeichnungen, und ohne besondere Mühe lassen sich einem Proporz ähnlich Interessenzusammenhänge und Vergabepraxis ablesen. Jährlich bekommt Graz einige neue Straßennamen.

Mit und ohne Habsburg

Es gibt rund 1800 einschlägige Bezeichnungen. Viele tragen diese Namen schon immer, auch wenn dies mitunter nur wenige Jahre sind. Andere wechselten, teilweise mehrfach. Bezeichnungswechsel gab es schon immer. So wurde im 15. Jahrhundert aus der Bürgergasse die Herrengasse. Den Rekord an Namenswechseln hat der Opernring inne. Der Carl-Ludwig-Ring wurde zum Opernring, dann gab es den Dollfuß-Ring, gefolgt vom Friedl-Sekanek-Ring und wieder dem Opernring.

1918 wollte man sich im Gemeinderat mehrheitlich von den mit der Dynastie Habsburg verbundenen Namen lossagen. Aus Rücksicht auf seine Verdienste blieb es beim Kaiser-Josef-Platz. Der Kaiser-Franz-Josef-Kai musste 1920 für 15 Jahre der Bezeichnung Schloßbergkai weichen. Die Kaiserinnen Anna und Elisabeth konnten, so wie Erzherzog Johann, ihre Namensdenkmäler behalten. Bei der Heinrichstraße und beim Rudolfweg war man sich möglicherweise des Ursprungs nicht bewusst. Auch damals schon kosteten Namensänderungen Geld, und das hatte man in diesem Zusammenhang zugegebenerweise nicht. Mit der Aufstellung des Tegetthoffdenkmals wurde der Elisabethplatz 1935 nun dem Admiral gewidmet. Dafür wurde die Tegetthoffgasse 1935 zur Belgiergasse.

Viel Beharren, wenig Änderung

Im Zeitgeist wurde 1894 die Neugasse zur Hans-Sachs-Gasse. Ohne Post gab es für die Postgasse keine Begründung, und so wurde sie 1901 zur Stubenberggasse. Aus der Lorbergasse war die Lorbeergasse geworden. 1985 erfolgte die Rückführung des Namens auf Jakob-Lorber-Gasse. Damals mussten als Änderungsbedingung der Gemeinde alle Bewohner und Hauseigentümer der Richtigstellung zustimmen. Allerdings gab es neben dem Griesplatz bei der Welschen Kirche nur sehr wenige betroffene Personen. Zwar war für eine Stadtparkallee der Name Hohlbaum-Allee sehr sinnig, da aber der Schriftsteller Robert Hohlbaum gemeint war, wurde diesem als Auflöser des Österreichischen PEN-Clubs die Namensehre 1995 entzogen (nun Dubrovnik-Allee). Aus der Heimgartenstraße wurde 1954 die Viktor-Franz-Straße.

Den Bewohnern der Stadtrandgemeinden war es jeweils klar, dass die Hauptstraße in ihrer Gemeinde lag. Als Teil von Groß-Graz sollte die Zugehörigkeit verdeutlicht werden. Nun gab es die Hauptstraßen mit der Ergänzung Liebenauer, St.-Peter und Waltendorfer Hauptstraße. 1938 gab es durch die Stadterweiterung acht mit Ottokar Kernstock und vier mit Karl Morré in Verbindung stehende Bezeichnungen. Unter anderen waren auch Schulgasse, Quergasse, Feldweg und Sandgasse mehrfach vertreten.

Sieben statt 1000 Jahre

1938 wurden, den politischen Ereignissen folgend, 46 Namen geändert. Die Größen des Nationalsozialismus, lokale und reichsweite, wurden geehrt. Die politisch belasteten Namen aus der Zeit des Ständestaates (1934–1938) wurden gelöscht und zwei Namen „arisiert". Eine der Änderungen war, dass die Annenstraße nun nach der Kurzzeit-Schwesterstadt Krefeld bezeichnet wurde. Die schwer belasteten Namen verschwanden im Mai 1945, rechtlich allerdings erst durch einen Gemeinderatsbeschluss 1946. Eine interessante Diskussion gibt es wegen des 1938 wieder als Freiheitsplatz (1918) benannten Franzensplatzes. Es fragt sich, ob der Freiheitsbegriff von 1918 mit dem von 1938 identisch war.

Wo war die Krefelderstraße? 31

1930 wurde die Jakominigasse zur Jakoministraße. Diese reichte bis zur alten Stadtgrenze nach Liebenau. Seit 1935 trägt der Teil südlich der Grazbachgasse die Bezeichnung Conrad-von-Hötzendorf-Straße.

1946 und 1947 erfolgten 493 Um- und Neubenennungen. Ein großer Teil der topografischen Bezeichnungen im äußeren Ring der Stadtbezirke (VII bis XVII) wurde zu einer Zeit vergeben, als dort bis 1938 selbstständige Gemeinden bestanden. In diesen Gemeinden gab es auch klassische Bildungsnamen, die ebenfalls schon im Graz der inneren sechs Bezirke vertreten waren. So wurde aus der Mozartgasse in Andritz die Münkergasse, in Wetzelsdorf die Wiesenauergasse. Bis 1954 gab es die Eiswerkgasse und die Heimgartenstraße, dann wurden beide zur Viktor-Franz-Straße.

Die Gemeinde Straßgang wollte sich bei einigen Gassen nicht festlegen und nummerierte in Neu-Hart einfach Straße I bis Straße X. 1951 wurde beispielsweise aus der Straße II die Glasergasse. Wer will schon in der

Strafhausgasse (Mauergasse) oder in der Fliegengasse (Abraham-a-Santa-Clara-Gasse) wohnen? Der Heßgasse wurde ihr Sozialasyl zum Verhängnis. 1947 wurde die Konsequenz aus der mangelnden Österreich-Freundlichkeit des Otto von Bismarck gezogen und sein Platz wurde zu Am Eisernen Tor. Diesen Namen hatte es als Eisenthorplatz schon zuvor gegeben, ihm folgte der Auerspergplatz mit dem Auerspergbrunnen. Während vor Jahrzehnten ein einzelner Vorschlag zu einer Benennung führen konnte oder Dutzende Neuvergaben einfach „durchgewunken" wurden, werden gegenwärtig topografische Bezeichnungen viel diskutiert und sind mitunter auch heftig umstritten.

1899 bis 1947 war dies der Bismarckplatz. Zuvor gab es hier einen Eisenthorplatz und einen Auerspergplatz. Seit 1947 befindet man sich hier Am Eisernen Tor.

Kennen/können Sie Grazerisch?

Ja, das gibt es wirklich, einen Grazer Stadtdialekt. Das bestätigen Germanisten. Auch wenn heutzutage in Graz mehr Sprachen als im alten Babylon gesprochen werden – viele sprechen mehr oder weniger Grazerisch.

Privates hinterm Schanktisch (Theke), 1954.

Im Jahr 1978 schenkte sich Graz anlässlich eines vermeintlichen 850-Jahr-Jubiläums der Stadt eine umfangreiche Festschrift. Der Germanist Claus Hutterer schrieb dort über den Grazer Stadtdialekt. Korrekt unterscheidet der Autor in Graz zwischen der Bildungssprache, der Umgangssprache, dem Stadtdialekt und ländlich-bäuerlichen Sprach- und Sprechformen. So gibt es für „nach Hause" auch „heim", „z'aus" und „hoam". Soziale Schicht, Ausbildung und Anlass bestimmen die Wortwahl. Aber auch Alter, Sprachroutine und Geschlecht spielen beim Sprechen eine Rolle. Der ländlich-bäuerliche Einfluss im Grazerischen

Grazerische Männerrunde, 1955.

Grazerische Frauenrunde, 1973.

geht zurück, die Standardisierung der Sprache nimmt zu. Ein Klassiker für den steirischen Dialekt war der „Steirische Wortschatz" von Unger und Khul (1903). 1994 erschien ein „Weststeirisches Wörterbuch" (Hutterer, Kainz und Walcher), es folgte ein „Steirisches Mundartwörterbuch" (Maritschnik und Sluga). Und es gibt sogar ein „Steirisches Schimpfwörterbuch" (Jontes).

Die Fachsprache der Handwerker hat sich den neuen Arbeitsbedingungen angepasst. 1933 hatte die Firma Wieser (Ecke Schmied- und Kaiserfeldgasse) über 70 verschiedene, selbstverständlich namenstragende Hobel angeboten. Selten sind nur mehr in der dazugehörigen Szene in Graz Wörter zu hören, die am ehesten dem Rotwelsch zuzuordnen sind, so etwa „Fisch" für Messer oder „Böck" für Schuhe.

Eigendefinition – Fremddefinition

Auch wenn wir den typischen Wiener oder Kärntner oft an seiner Sprache identifizieren können, die eigenen Sprechmerkmale fallen uns weniger auf. Wohl aber den anderen. Ein sich unter Aufwand aufs korrekte Deutsch eingeübter Fremdsprachler wird z. B. bei uns in einem Vorstadtgasthaus oder am Kaiser-Josef-Platz mitunter Verständnisprobleme haben. Umgekehrt, wer nur auf unsere lokale Umgangssprache trainiert ist, könnte anderswo schlecht verstanden werden. Nach den in Graz wohnenden Rumänen sind Deutsche die größte Gruppe in Graz, die keine österreichische Staatsbürgerschaft besitzt. Es bedarf meist keiner besonderen Schulung, ihre etwas andere Form der Sprache Deutsch zu identifizieren. Es gibt sogar im Internet Beschwerden, dass wir Grazer für untrainierte Deutschsprechende, etwa Auslandsstudenten, sprachliche Probleme bieten.

Vorstadtidylle im Waltendorfer Gasthaus Zu den zwei Linden, Plüddemanngasse 51, 1930.

Schon Gustav Schreiner bestätigte 1843 in seinem Graz-Buch, dass die Grazer (damals eher Grätzer) sprachliche Eigenheiten zeigen. Frauen hätten mitunter eine „vernachlässigte Sprache". Am rauesten sei die Sprache bei den zugezogenen Mägden vom Lande, insbesondere der Ammen aus Hitzendorf. Typisch für Graz wäre die Bestätigungsformel „wol", die Spinne wäre eine „Spinnerin" und das Fräulein die „Fräule". Germanistin Fanta stellte 2015 eine „l-Vokalisierung" für Graz fest. Also wird z. B. aus „kalt" ein „koid". Charakteristisch ist ferner, dass aus „leben, Post und Vogel" häufig ein „lem, Bosd und Vogl" wird. Das Wort „hell" kann bei uns fast als „höl" gesprochen werden. Wir besuchen das Tramway-Museum und sehen dort Straßenbahnen, die wir eher als „Strossenpaunen" aussprechen. Die internationale Lautschrift und Tondokumente können das alles korrekter darstellen.

Altes und Neues

Medialer Einfluss verändert auch bei uns die Sprache, insbesondere jene der Jugend. Das modische Englisch hinterlässt häufig Spuren, um nicht „Prints" zu sagen. Etliche französische Lehnwörter, einst ein Zeichen von Bildung, sind so gut wie verschwunden. Wer wäscht sich heute noch im Lavoire, schaut zum Plafond oder geht am Trottoir? Mit nostalgischer Trauer kann der Rückgang einst gut eingeführter Wörter festgestellt werden. Erdäpfel, Paradeis, Polster, Sessel, Stiege, Stoppel, Tuchent und Kasten sind Beispiele dafür. Firmenangebote und Speisekarten sind vielfach die Bühne standardisierter Eindeutschungen, die unserem lokalen Bayrisch-Südösterreichisch widersprechen. Wir schwelgen als Feinschmecker und Gastronomieexperten im Wissen um Exotik und einschlägige Neuerungen, andererseits geht einiges wiederum verloren. Wenn wir auch gerne „italienisch essen", immer häufiger wird das Risibisi zum Erbsenreis. Der Versuch, geschlechtsrichtig und politisch korrekt zu schreiben und zu sprechen, brachte vielerorts nicht für alle nachvollziehbare Neuschöpfungen. Wer findet das jüngst zu lesende Wort „Gästin" schön? Übrigens ist das Sprechen in Einklang mit dem lokalen Dialekt, ohne dass dies übertrieben sein sollte, ein gutes Zeichen der Integration. Mit einiger Erfahrung werden wir in der Wahl deutscher Wort-, Betonungs- und Grammatikvarianten vielsprachig, schreiben oft anders, als wir sprechen, und fühlen uns auch mit der Verwendung eines schwer zu definierenden Grazerisch wohl.

Übrigens läuft zurzeit bei den Germanisten der Grazer Universität der lokale Teil einer Studie, in der zum Grazerischen der Gegenwart geforscht wird.

Was sieht man da im Lager der Schnellsohlerei? Schuhe, Schuh, Schur, Schurch, Schlapfen, Treter, Ladschn, Shoes oder gar lässige Böck?

Kein 890-Jahre-Jubel

Städte, so auch Graz, feiern sich gerne. Wenn wir berechtigterweise 1928 eine 800-Jahr-Feier gehabt hätten, wäre Graz 2018 890 Jahre alt gewesen. Aber so einfach ist das nicht!

Elektrischen Strom gab es im inneren Stadtbereich erst seit rund 15 Jahren. Umso eindrucksvoller präsentierte sich 1928 das Rathaus.

Sorry, zuerst etwas Theorie. Die Gründung einer Siedlung lässt sich kaum exakt auf ein Jahr festlegen. Ein „753 schlüpfte Rom aus dem Ei" ist eine nette Eselsbrücke für mäßig engagierte Gymnasiasten, aber ohne Realitätswert. Historiker rechnen von der ersten urkundlichen Nennung an. Archäologen versuchen, die ältesten

1928 feiert Graz unter seinem Bürgermeister Vinzenz Muchitsch das 800-Jahr-Jubiläum.

Trotz der schwierigen Zeit für die Wirtschaft und in der Politik feierte sich Graz 1928 in einigen Ausstellungen.

materiellen Hinterlassenschaften einzuschätzen. Philologen suchen die älteste Namensform des Ortes und versuchen, diesen zeitlich einzuordnen. Der Mehrheit der Bevölkerung ist der wissenschaftliche Diskurs relativ egal, aber schön ist es, wenn es ein Stadtjubiläum zu feiern gibt. Und das gilt wohl auch für Politiker.

Das Fest 1928

Anfang des 20. Jahrhunderts galt die in ihrem Wert und Alter heute sehr umstrittene Urkunde, die 1128 angeblich erstmals Graz zitiert, als ein historisches Faktum. So feierte die Stadt 1928 unter dem sozialdemokratischen Bürgermeister Vinzenz Muchitsch mit einem großen Jubiläumsprogramm. Zwischen Ende Juni und Ende Oktober gab es ein Festprogramm mit Ausstellungen, Konzerten, Festen und zuletzt einer besonderen Herbstmesse, der 15. nach damaliger Zählung. Mit Fortschritt und der neuen Zeit waren die „Jubiläums-Energiewirtschafts-Ausstellung" und der „Internationale Kongreß der kunstphotographischen Vereinigung" verbunden. Traditionsverbunden waren die Stadtbildausstellung, das Heimatfest und der Besuch deutscher Gesangsvereine. Stolz zeigte Graz seine Künstler in einer Ausstellung und im Rahmen der Messe eine „Steiermärkische Landwirtschaftsschau". Für auswärtige Besucher wurde in der Herrengasse 16 ein „Wohnungsnachweis der Grazer Messe für die Achthundertjahrfeier" eingerichtet. In der dritten und besten Kategorie zahlte man unter Berücksichtigung des damals hohen Schillingwerts (Stichwort: Alpendollar) für Bett und Tag fünf Schilling. Für den zweiten Tag erhielt man schon 50 Prozent Rabatt. In dieser Preisklasse gab es einen „separierten Eingang".

Selbstverständlich feierte sich auch der Gemeinderat, und ein besonderes Highlight war die aufwendige Festbeleuchtung der Stadt am 30. September. Diese wurde von der Wiener Firma „Metallum Lampen Kremenzky" ausgeführt. Das Rathaus erstrahlte mit gasgefüllten

Lampen. 51 Stück leisteten 1000 Watt, 20 jeweils 300 Watt und 27 aus heutiger Sicht bescheidene 75 Watt. Trotz der politischen und wirtschaftlich ungünstigen Zeit gab es in der Folge zukunftweisende urbane Projekte, so das Stadtwerkegebäude (Hochhaus) am Fischplatz (Graz Holding am Andreas-Hofer-Platz). In einer 400 Seiten starken Festschrift, heute sind es gesuchte Exemplare, feierte die Gemeinde sich und Graz.

Kein Fest 2018!

Im „Historischen Jahrbuch der Stadt Graz" Nr. 42 (2012) untersuchten die beiden Historiker Reinhard Härtel und Bernhard Reismann kritisch und mit dem Geschichtswissen der Gegenwart jene Urkunden, die als Geburts-

Einst und jetzt – ein Versuch, 800 Jahre städtischen Wandel bildlich darzustellen.

urkunden der Stadt dienen könnten. In einem Dokument wird für 1115 von einem Ereignis in Graz berichtet. Eine Lesart besagt, dass damals in Graz 30 Frauen verbrannt sind/wurden. Allerdings ist der so indirekt überlieferte Schreckensbericht in seinem Urkundenwert so umstritten, dass es zwar viele widersprüchliche Erklärungsversuche gibt, aber keine Gewissheit. Der nächste erste Bericht über Graz war lange mit 1128 datiert. Darauf waren auch die Feier von 1928 und eine bescheidenere 1958 (850 Jahre Graz!) aufgebaut. Die ungefähr für 1128 einzuordnende Urkunde ist nicht im Original erhalten. Sie nennt als Zeugen einen „Dietmarus de Gracz". Auch hier stellt sich die Frage nach der Datierung, den Grad einer späteren Verfälschung des nun fehlenden Originals und ob Graz der Stadtausstellungsort war.

Kein Jubeljahr und trotzdem ehrenswert

Die Stadt Graz ließ ein Gutachten erstellen, ob 2015 oder 2028 ein geeignetes Datum für eine 900-Jahr-Feier wäre. Univ.-Prof. Reinhard Härtel kommt in diesem Gutachten zum Ergebnis, dass aufgrund von Mängeln in den Urkunden und deren Überlieferung weder das Jahr 1115 noch 1128 oder 1130 einen exakten Zeitpunkt für die Berechnung eines 900-Jahr-Jubiläums bringen. Der Zeitraum zwischen den 20er- und den 40er-Jahren des 12. Jahrhunderts erscheint jedoch für die ersten urkundlichen Nennungen von Graz zutreffend. Graz fehlt auch eine exakte Jahreszahl zur Stadterklärung. Der Beginn einer Besiedlung im engeren innerstädtischen Bereich der Gegenwart liegt dementsprechend früher. Wie viel? Zieht man früheste Siedlungsspuren in ein noch unbenanntes Graz mit ein, dann könnten wir Jahrhunderte dazuzählen. Aber das war eben nicht unser frühes Graz. Der Stadtname weist auf die Zeit zwischen dem 9. und der Mitte des 10. Jahrhunderts hin.

Noch nicht durch viel Licht verwöhnt, bewundern die Grazer 1928 den durch 1740 15-Watt-Vakuumlampen erleuchteten Uhrturm.

Erstmals erstrahlt der Franz-Joseph-Brunnen im Stadtpark im Licht von 20 1000-Watt-Lampen.

Reformation und Gegenreformation

Die Stadt Graz wurde 2017 im Rahmen der 500-Jahr-Feier der Reformation durch Martin Luther zu einer der 81 „Reformationsstädte Europas".

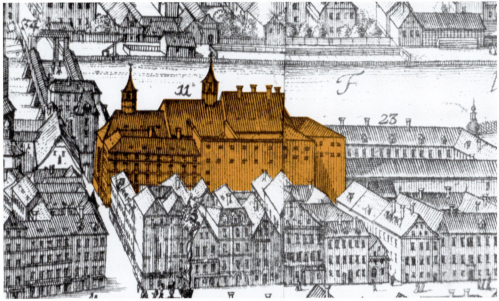

Das Klarissenkloster, zuvor die lutherische Stiftsschule; A. Trost, 1699.

In den Jahren um 1500, die als Wende vom Mittelalter zur Neuzeit angesehen werden, änderte sich vieles. So kam es auch zu einem kritischen Umgang mit der bis dahin das Leben weitgehend dominierenden Religion. Auf der lokalen Bühne nahmen beispielsweise die Grazer Bürger und sogar König Maximilian 1495 Anstand am unreligiösen Leben der Minoriten. Sie mussten ihr Kloster verlassen, das 1515 von dem mit einer strengeren Regel ausgestatteten Franziskanerorden übernommen wurde. In den 20er-Jahren des 16. Jahrhunderts kommt das Wissen über die Reformen Luthers nach Graz. 1524 muss deswegen ein Prediger die Stadt verlassen. Kapläne, insbesondere Prokop Huschimhey, predigen ab 1520 in Luthers Sinn. Die Loslösung vom „alten Glauben" zum „neuen Glauben" führt zu heftigen Diskussionen bis hin zu Bilderstürmen (Zerstörung heiliger Bilder oder Denkmäler). Adel und Bürger übernehmen häufig die Ideen der Reformation. Der Landeshauptmann Sigmund Graf

Johannes Kepler musste seiner Religion wegen Graz verlassen.

Dietrichstein und der Bürgermeister Simon Arbaiter argumentieren lutherisch. Anfangs blieb die Kirchenorganisation katholisch, der Lehrinhalt war aber reformiert. Der Stadthistoriker Fritz Popelka nimmt an, dass die erste evangelische Andacht in Graz in der Thomaskapelle am Schloßberg stattfand. Was bisher ein wesentlicher Teil des katholischen Glaubens war, so beispielsweise die Marien- und Heiligenverehrung oder die Fastenregeln, ist nun mehrheitlich ohne Anerkennung. Den Klöstern fehlten Angehörige, den Prozessionen Teilnehmer. Von 1552 bis 1572 gab es in Graz keine Fronleichnamsprozession.

Graz wird evangelisch

Erst in der zweiten Hälfte des 16. Jahrhunderts entwickelte sich in Graz eine protestantische Religionsorganisation. Parallel dazu stieg die Zahl der reformierten Gläubigen beim Adel und in der Bürgerschaft. Diese Jahrzehnte waren die Hochzeit evangelischer Glaubenszugehörigkeit in Graz. Die selbstbewussten Landstände ließen in dieser Zeit ihr politisches Zentrum, das Landhaus, neu gestalten. Die 1544 im Landhaus errichtete evangelische Schule übersiedelte 1574 in den neuen Mittelpunkt dieses Glaubens. Es war dies das Eggenberg'sche Spitalstiftungs-Gebäude nahe dem Murtor (Paradeis). Nicht dem Rang, wohl aber der Lehrtätigkeit nach, war dies eine Universität, in der bis 1598 unterrichtet wurde. Hier lehrte Johannes Kepler, der aber auch für den katholischen Landesfürsten tätig war. Im Jahr 1600 musste Kepler seiner Religion wegen Graz verlassen. Wenige Jahre gab es damals parallel zwei Hochschulen in Graz, da 1585 durch den Landesfürsten Karl II. eine katholische Universität unter Leitung der Jesuiten gegründet wurde.

Erzherzog Karl II. als Herrscher Innerösterreichs auf einem mit „LP" monogrammierten Ölbild des Kunsthistorischen Museums in Wien. Links oben ist der Schloßberg zu sehen.

Graz wieder katholisch

Eine wichtige Entscheidung über die lokale Religionszugehörigkeit fiel am Augsburger Reichstag 1555. Der für das Kaiserreich geltende Grundsatz, dass der jeweilige Landesfürst die Religion bestimmt (cuius regio, eius religio), machte Graz zu einer Bühne für die folgende Gegenreformation. 1572 wurden von Karl II. zwölf Jesuiten nach Graz berufen. Ferdinand II. setzte die Gegenreformation konsequent fort. 1596 war die Hälfte der Stadtbevölkerung wieder katholisch.

Vom Verbot zur Toleranz

Unter dem Zwang, entweder die Religion zu wechseln (zu konvertieren) oder auszuwandern, mussten im Jahr 1600 rund 100 Grazer Bürger die Stadt verlassen. Im gleichen Jahr wurden nahe des danach errichteten Kapuzinerklosters (Antoniuskirche) und vor dem Eisernen Tor evangelische Bücher verbrannt. Der Adel kam etwas länger in den Genuss der Toleranz. 1628 hieß es aber auch für diesen: Katholisch werden oder auswandern! Rund 150 Familien wählten die Emigration. Die evangelische Stiftskirche wurde 1599 von einem Regierungskommissionär beschlagnahmt. Die Kirche und die Stiftsschule wurden in der Folge zu einem Klarissenkloster. Als dieses dann den Reformen Kaiser Josefs II. folgend aufgelassen wurde, erwarben Private die Gebäude. An der Stelle der Kirche steht nun das Haus Paradeisgasse 1, der heutige Paradeishof war ein Teil der ehemaligen Stiftsschule. Anders als die Anhänger des Protestantismus lutherischer Prägung, die nicht an der sozialen und politischen Ordnung rüttelten, argumentierten in Graz die Anhänger des Schweizer Reformators Zwingli und

Demonstrativ Weltliches am „protestantischen" Palais Lengheimb, Bürgergasse 4.

die extremen Wiedertäufer. Hier ging die Regierung mit aller Strenge bis hin zu Hinrichtungen vor.

Von der Toleranz zum Miteinander

Das Toleranzpatent von Kaiser Josef II. 1781 schuf neue Bedingungen. Im März 1792 wurde im Festsaal des 1773 aufgelassenen Jesuitenkollegs in der Bürgergasse nach langer Zeit wieder ein evangelischer Gottesdienst für Soldaten und Zivilpersonen abgehalten. Bis 1818 blieben die wenigen Grazer evangelischen Glaubens eine Tochtergemeinde von Wald am Schoberpass. Ab 1856 gab es eine eigene Pfarrgemeinde. Am Holzplatz (Kaiser-Josef-Platz) gab es, nachdem das Projekt Stiegenkirche gescheitert war, 1824 ein Bethaus, das 1854 zur Heilandskirche umgebaut wurde, die auch einen Turm erhalten durfte.

Ein evangelischer Bürgermeister

Einige prominente und reiche Grazer Familien evangelischen Glaubens aus dem späten 19. Jahrhundert sollen hier genannt werden: Kubin, von Reininghaus, Odörfer, von Franck, Leidenfrost, Klusemann. Graz und seine Bürger waren ab der Mitte des 19. Jahrhunderts dem Protestantismus gegenüber aufgeschlossen. Die reformierte Religion wurde im Zeitgeist des Kulturkampfes und der Los-von-Rom-Bewegung als eine typisch deutsche verstanden.

Der evangelische Moritz Ritter von Franck (Franckstraße und Franckdenkmal im Stadtpark) leitete als Bürgermeister von 1861 bis 1870 Politik und Verwaltung der Stadt.

Ökumenisches Miteinander

Die Volkszählung 1868 nennt mit heutigen Stadtgrenzen rund 1400 Evangelische, das waren 1,4 Prozent der zum Vergleich angenommenen Stadtbevölkerung. Gegenwärtig leben in Graz rund 13.000 Gemeindemitglieder in den vier evangelischen Pfarren und einer Tochtergemeinde. Die überwiegende Zahl der Gläubigen gehört dem Augsburger Bekenntnis an, eine Minderheit dem Helvetischen. Nach all den Turbulenzen der Vergangenheit haben Katholiken und Protestanten in den letzten Jahrzehnten immer mehr zu einem guten ökumenischen Miteinander gefunden.

Als der Schloßberg grün wurde

Unser so schön begrünter Stadtberg und Namenspate für Graz war bis ins 19. Jahrhundert ein kahler Fels mit einer Festung, die mit der Stadt wenig Verbindung hatte. Hier nun Interessantes über den Wandel des Bergs, der ein Symbol von Graz ist.

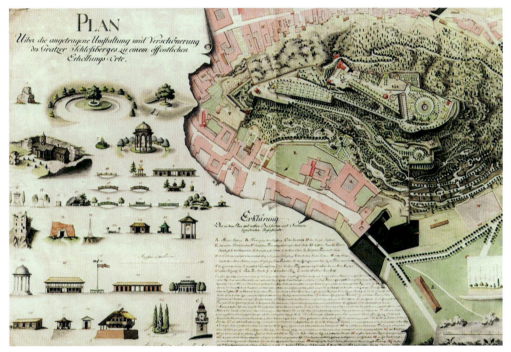

Der Schloßbergentwurf des J. Melling; aquarellierter Druck, 1817.

Der 123 Meter hohe Dolomitfels war in seiner Funktion als landesfürstliche Festung möglichst ohne Bewuchs zu halten. Jeder Baum hätte Belagerern Schutz geboten. In der Praxis war dies wahrscheinlich nicht ganz so, aber der steile Fels, wie wir ihn von der Festung Hohensalzburg kennen, war einst ein unverzichtbares Kennzeichen der Festung. Der sichere Platz am Berg war nicht nur ein militärischer Stützpunkt des Landesfürsten, sondern auch ein ausbruchssicheres Gefängnis. Die Stadt reichte zwar bis zum Uhrturm (Stichwort: Bürgerbastei), aber bis ins 19. Jahrhundert war die Burg (Festung) kein Teil der Stadt, auch kein Teil der landständischen Verwaltung, sondern landesfürstlich. Also einerseits war der Berg ein

Geplante Bepflanzung – die Baumarten, 1817.

wichtiger Schutz für die Stadt, andererseits den Grazern fremd und mitunter auch eine Demonstration der Macht der Stadt gegenüber. Auch der heutige Stadtpark war über Jahrhunderte militärisches Vorfeld (Glacis) und zuletzt bis 1869 zu einem großen Teil Übungsgelände der Armee.

Als die Franzosenkriege die habsburgischen Erblande bedrohten, wurde das Gefängnis ins stadtnahe Schloss Karlau verlegt und die der Kriegstechnik der Zeit um 1800 kaum mehr gewachsene Festung militärisch nachgebessert. 1809 kam es dann nach zwei kurzen französischen Besatzungen in Graz zur ersten und letzten Belagerung des Schloßbergs. Dass die gegen Türken und Ungarn ausgebaute Festung nicht erobert wurde, war in erster Linie das Verdienst ihrer Besatzung unter Major Franz Xaver Hackher. Aber auch die fehlende schwere Artillerie der Franzosen, die auf anderen Kriegsschauplätzen sichtlich wichtiger einzusetzen war, half den Verteidigern des Schloßbergs. Der Krieg ging für Kaiser Franz und Österreich verloren, die Schloßbergbesatzung hatte einen ehrenvollen Abzug, und die Festung wurde als Demonstration des Sieges Napoleons und Frankreichs zerstört. Übrig blieben Ruinen, der Uhrturm, der Glockenturm und die Stallbastei. Ab 1816 war der Berg nun im Eigentum der Landstände (Landesverwaltung).

Der neue Schloßberg

1816 sollte der zum Ruinenberg verkommene Schloßbergfels auf Anregung des Landeshauptmanns Ferdinand Graf Attems zu einem begrünten Park gestaltet werden. Der Amtszeichner Joseph Melling stellte auftragsgemäß in mehreren Aquarellen mit enormer Detailgenauigkeit das Projekt vor. Dargestellt wurden die Wahl der Baumarten und die kleineren und größeren neuen Bauten. So gut der Plan eines neuen grünen Schloßbergs von 1817 auch gemeint war, es fehlte an Geld zur Realisierung. Einige Details des Entwurfs wurden erst Jahrzehnte später realisiert. Wohl aber erwarben die Landstände den Berg. In der Folge gab es hier auch private Grundstücke, so den Weingarten des Rechtsanwalts Konstantin

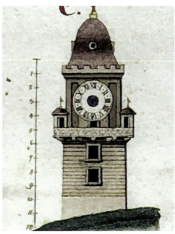

Das Ölbild zeigt einen felsigen Schloßberg, um 1850. (l. o.)
Stadtpark und Schloßberg waren nicht immer so grün! (l. u.)
Der Uhrturm im Umbauplan von 1817. (r. o.)

B. Hödl. Damals mühte man sich auch um eine erste Bepflanzung. Freiherr von Welden (1780–1853) war Kommandant am Schloßberg und hatte wesentlichen Anteil an seiner Begrünung. Etwas einsam steht sein Denkmal vor der neuen Schloßberggärtnerei im grünen Ostteil des Bergs. Meist musste die Erde dafür erst auf den Berg gefahren oder in Körben getragen werden. Bis 1840 waren rund 40.000 Bäume und Sträucher gepflanzt. Die schrittweise Begrünung erfolgte nicht zufällig, sondern geplant. Es gab nun einerseits Gaststätten, andererseits, besonders wegen der Revolution von 1848, gab es auch wieder militärisches Interesse. Der letzte „k. k. Commandant" am Schloßberg, Hauptmann Wilhelm Freiherr von Kalchberg, zeigte sich allerdings eher von seiner friedlichen Seite und stellte unter anderem Vogelfuttertische auf. Von 1873 bis 1921 war die Pflege der Anlagen am Berg dem Stadtverschönerungsverein übertragen, eine Kombination von privatem und öffentlichem Einsatz. 1885 übergaben die Landstände der Stadt Graz den Großteil des Bergs, und so blieb es bis heute. Erst 1931 wurde der Herbersteingarten, ein Jahr zuvor von der Stadt erworben, feierlich der Öffentlichkeit übergeben. Das noble Schweizerhaus, die Gaststätte an der Ostseite des Bergs, um 1875 errichtet, verbrannte 1945.

Die Kasematten am Schloßberg gegen Ende des 19. Jahrhunderts. Die ehemalige Kellerkonstruktion des Schlosshauptmannhauses wurde 1937 als Freilichtbühne mit Beethovens „Fidelio" eröffnet. (l.)

Dieses seltene Bild vom Schloßberg zeigt die Gebäude östlich des Uhrturms um 1900. Damals gab es hier Kanonen, Verwaltung und Gärtnerei, heute Lift und Gastronomie. (r.)

Was uns erspart blieb

Wir hatten Glück, dass einige angeblich gute Ideen zur Gestaltung des Schloßbergs nicht realisiert wurden. So der historistisch kitschige Totalumbau (Mathias Seidl) um 1890, der Turm am Plateau (1909), der Entwurf des Stadtplaners Peter Koller von 1942, der uns architektonische Großbauten (Führersaal, Südostturm) im Stil des Nationalsozialismus beschert hätte. Auch im Mai 1945 kam es zu keinem selbstmörderischen Auftrag für den Schloßberg. Und das Hotel (1950) auf der Stallbastei aus der Planung der Nachkriegsjahre hätte uns nachträglich nicht stolz und zufrieden gemacht. Ebenso wenig die Tiefgarage im Berg, die Autostraße durch den Berg oder das von den Grazern abgelehnte Kunsthaus im Berg in der Planung von 1998.

Unser aller Schloßberg

Denkmalschutz und Naturschutz sind beide ungemein wichtige Aufgaben. Am Schloßberg ergänzen sich die beiden Schutzaufträge. Aber sie konkurrenzieren sich auch deutlich. Natur und Geschichte stehen sich hier hin und wieder im Weg. Aber der Schloßberg ist ja auch eine innerstädtische Erholungsinsel und eine Touristenattraktion. Wer mehr über den Schloßberg, der auch ein Berg der Mythen ist, wissen will, der findet Auskunft in der einschlägigen Literatur. Allerdings ist diese recht unterschiedlicher Qualität. Unser Stadtberg darf sich auch nach der neuen Rechtschreibung als Eigenname mit „ß" schreiben. Fast jeder Grazer kennt den Schloßberg durch einen oder viele persönliche Besuche. Aber wann waren Sie zuletzt auf der naturbelassenen Nord- oder Ostseite unterwegs? Und zum Schluss: Ein Graz ohne Schloßberg wäre nicht Graz!

Ungesunde Zeiten

Leider gab es, gibt es und wird es immer geben: Seuchen mit Epidemien bis hin zu Pandemien. Auch in unserem Graz. Ein Blick zurück von einem Historiker und Sozialwissenschaftler, der kein Mediziner ist.

Die Pest in Graz 1480. Detail aus dem „Landplagenbild" („Gottesplagen") auf der Südseite des Domes. In den 1960er-Jahren ersetzte Dina Kerciku in einer Rekonstruktion die im Original leider schon lange fehlende rechte und untere Bildhälfte künstlerisch und mutig.

Beginnen wir harmlos und unangebracht fast heiter. Jemand niest und bekommt ein bemühtes und etwas altmodisches „Gesundheit!" oder „Helf Gott!" (für Anglophile: „God bless you") zu hören. Niesen wurde einst als Vorzeichen einer möglichen schweren Erkrankung verstanden. Heutzutage wird so, meist unbewusst, an die Zeiten großer Seuchen wie Pest, Cholera und Typhus erinnert. Die Zeit des Massensterbens durch Seuchen ist bei uns über 300 Jahre her, aber so groß ist die soziale Klebekraft der Erinnerung an ganz schlimme Katastrophen.

Mariensäulen und ein Fresko blieben

Die dem Gedenken an die Pest von 1680 gewidmete Ecce-Homo-Säule am Griesplatz, hier noch am alten Standort.

Schauen wir auf das fast unsichtbare „Landplagenbild" (offiziell: „Gottesplagen") auf der Südseite des Doms, so finden wir, bezogen auf das Jahr 1480, Pestopfer und Särge. Am Lendplatz, am Griesplatz und in der Keplerstraße (Marienplatz) stehen Pestsäulen, ein Gedenken an die große Pestseuche von 1680. So gibt es auch einen dreieckigen Bildstock Am Damm 14 (besser: Wienerstraße Nr. 41). Der Pest galt auch die Widmung der Dreifaltigkeitssäule am Karmeliterplatz, die bis 1875 an der Nordseite des Hauptplatzes stand, und der religiösen Plastikgruppe vor dem St.-Peter-Friedhof, die sich ehemals am Dietrichsteinplatz befand. An zumindest 17 Orten in Graz, so auch in der Pestkapelle des Doms, gibt es ein bildliches oder plastisches Gedenken an den hl. Rochus, der für die Hilfe bei Pest zuständig war/ist. Das der Unterhaltung gewidmete Orpheum wurde, wie sinnig, bei einem ehemaligen Pestfriedhof errichtet. Noch nach 1900 entstanden im damals neuen Landeskrankenhaus Bauten für – selbstverständlich gegen – Massenseuchen. Auch am Zentralfriedhof gab es bis in die 1960er-Jahren westlich der Kirche und des Zentralgebäudes eine Infektionsleichenhalle für den Fall einer Massierung von Seuchentoten. Der allgemeine Fortschritt der Medizin, besonders Impfungen und eine verstärkte Hygiene haben uns eine relative Sicherheit gebracht. Gesundes Wasser und ein funktionierendes Kanalsystem waren wichtige Voraussetzungen für ein gesundes Leben in Graz.

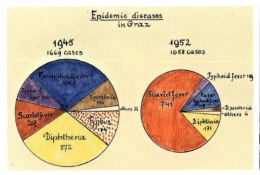

Handgefertigt. Eine Bilanz der britischen Militärverwaltung zu ansteckenden Krankheiten in Graz 1945 und 1952.

Westlich der Kirche des Zentralfriedhofs stand bis in die 1960er-Jahre eine nie benutzte Infektionsleichenhalle (links).

Zumindest 600 Tote durch übertragbare Krankheiten

Die amtliche Todesstatistik (Gesundheitsamt, Statistik, 4. Sonderheft, Graz 1952) führt für das Jahr 1945 über 600 Menschen an, die an übertragbaren Krankheiten starben. Über die hohe Dunkelziffer (siehe unter anderem in den Lagern) können wir nur spekulieren. 1946 war die einschlägige Todeszahl nur mehr halb so hoch, 1950 betrug sie noch immer fast 200. Die Rote Armee der Sowjetunion gab 1945 Befehle zur städtischen Hygiene in Graz, und die britische Armee hatte noch bis in die 1950er-Jahre eine Aufsichtsfunktion über die städtische Gesundheit. Aus deren Daten wissen wir von den hohen Zahlen an Typhus- und Diphtherie-Erkrankten. 1952 gab es dagegen auffallend viele Fälle von Scharlach, dreimal so viele wie 1945.

Soziale Folgen

Verlassen wir nun die lokale Katastrophenbühne und schauen uns allgemein in der einschlägigen Geschichte um. Wir Europäer rotteten außerhalb von Europa ganze Völker mit den für sie ungewohnten Seuchen aus. Umgekehrt traf uns z. B. die Syphilis in der amerikanischen, nun verstärkten Version. Trotz allen Gerne-Vergessens, was Seuchen der Vergangenheit betrifft, ist uns die Spanische Grippe (1918/19) in Erinnerung geblieben. Der Name blieb am damals neutralen Spanien hängen und nicht an der Kriegspartei Entente, deren Soldaten sie von Nordamerika nach Europa brachten. Auch ohne das genaue Wissen, wie viele Tote

Der *„Stolz des Gesundheitsamts der Stadt Graz"* – ein adaptiertes Militärfahrzeug der britischen Militärverwaltung.

diese Pandemie brachte, hatte sie mehr Opfer als der Erste Weltkrieg gefordert. Die Verbreitung von Seuchen erfolgte entweder überraschend schnell oder quälerisch langsam. Oft wusste man schon Wochen vorher, dass etwas Schreckliches im Kommen war. Die Flucht vor der Ansteckung trug zu ihrer Verbreitung bei. Was zuvor ein großer Vorteil war, wurde nun zum tödlichen Nachteil: die Lage an einer Hauptverkehrslinie, an einem Fluss, in einem Zentrum des Handels und der Kommunikation. Bei der Suche nach den vermutlichen Verursachern waren die Fremden und die ohnedies diskriminierten Minderheiten in Verdacht. Grenzkontrollen und Quarantäne sind keine Erfindungen der Gegenwart.

Seuchen führten auch zu sozialen Konflikten. Gesunde und Kranke standen einander im wechselseitigen Misstrauen gegenüber. Zuerst erkrankten und starben diejenigen, die sich weniger schützen konnten. In einer späteren Phase der Seuche war die Unterschicht, soweit sie überlebt hatte, immun. Nun starb man in der sich geschützt habenden Mittel- und Oberschicht. Bemühten, aber ohnmächtigen Ärzten standen Scharlatane und deren wirkungslose Wundermittel gegenüber. Man zweifelte an Religion und Autorität. Angst war ein schlechter Lehrmeister und brachte keinen Fortschritt.

Zukunft: Verlierer und Gewinner

Es gab Gewinner und Verlierer. Das Verlorene wollte man wieder ausgleichen. Es folgte eine relativ mühselige, aber motivierte und erfolgreiche Zeit. Positionen wurden neu besetzt. Der Verlust an Bevölkerung glich sich in wenigen Generationen durch Zuzug und Reproduktion aus.

Ob wir es wahrhaben wollen oder nicht. Wir sind ein Teil der Gegenwart, aber auch der Geschichte. Vieles hat sich verändert, aber bei Weitem nicht alles, gerade im Umgang mit Katastrophen. Wie konnte so etwas passieren? Ja, es konnte. Unser Fortschrittsglaube wurde erschüttert. Aber es gibt keinen anderen Weg als jenen in die Zukunft.

Verlust und Trauer in Graz – eine Betrachtung im Herbst

„Ein Tag im Jahr, er ist den Toten frei" (Hermann von Gilm, 1812–1864). Dieser Tag ist wohl primär der Allerseelentag, den wir am Tag zuvor (Allerheiligen) feiern. Aber es gibt sicherlich genug andere Anlässe und Tage, Toter zu gedenken.

Noch in den 30er-Jahren des 20. Jahrhunderts gab es in Graz die traditionellen, mit Rappen bespannten Leichenkutschen.

Im November ist der angenehme Teil des Herbstes und auch der „Steirische Herbst" vorbei. Es beginnt eine stille Zeit. Die Grundregeln blieben über Jahrhunderte gleich. Die Ernte war eingebracht, die Tage wurden kürzer, die Witterung war nun kalt und meist feucht. Der definierte Winter beginnt allerdings erst am 21. Dezember. Der meteorologische Winter allerdings schon am 1. Dezember. Die Zeitumstellung der Uhren fand schon am 30. Oktober statt. Der folgende Advent führt traditionell zur Weihnachtszeit. Der kommerzialisierte und touristisch genutzte „Grazer Advent" dauerte 2016 vom 18. November bis zum 24. Dezember. Nach kirchlichen Regeln waren die vier Adventsonntage: 27. November;

Herbststimmung im Stadtpark – so wie einst auch heute.

4. Dezember; 11. Dezember; 18. Dezember. Bis zur modischen und praktischen Erfindung, dass der Fasching am 11. 11. beginnen darf, war der 7. Jänner, der Tag nach Dreikönig, der ordnungsgemäße Faschingsbeginn.

Traueranlass und Trauertag

Wer um 1890 stilgerecht Trauer zeigen wollte und es sich auch finanziell leisten konnte, hatte strenge und aufwendige Regeln einzuhalten.

„Tiefe Trauer" beim Verlust des Ehepartners hatte ein Jahr zu dauern, die folgende Halbtrauer forderte weitere sechs Monate dunkle Kleidung. Der „Gute Ton" verlangte beim Tod der Eltern ein Jahr Trauer, bei Geschwistern und Großeltern hatte die Trauer ein halbes Jahr zu dauern. Selbst bei dem Verlust von Onkel und Tante sollte man drei Monate sowohl mit der Kleidung als auch beim Verhalten trauern. Teilweise trugen Witwen und verwaiste Töchter noch bis Mitte des 20. Jahrhunderts transparente schwarze Schleier, die ihr Gesicht verhüllten. Aufwendige Begräbnisse, theatralische als Trauerwagen ausgestattete und mit Rappen bespannte Wagen und einige Hundert Trauergäste waren noch vor etlichen Jahrzehnten ein Zeichen für die Bekanntheit des Verstorbenen. Parallel dazu gab es natürlich aber auch sehr profan wirkende und bescheidene Begräbnisfeiern. Was hat sich wirklich geändert?

Abendstimmung am Zentralfriedhof. Der größte der 14 Grazer Friedhöfe wurde 1888 als interkonfessioneller Friedhof von der Gemeinde errichtet und gehört nun der katholischen Stadtpfarre.

Grabreden, sei es in der Kirche oder beim offenen Grab, waren immer schon eine Bühne der Eigen- und Fremddarstellung. Den kleinen Freiraum dort nutzend, gab es während diktatorischer Zeiten die Gelegenheit, auch kritische Aussagen zu tun. Ist es ein Rest sehr alten Glaubens, dass über Tote nur gut geredet werden soll? Wahre Trauer ist still.

Ende des 19. Jahrhunderts wurde schwarzer Schmuck (Halsketten, Broschen, Ringe, Armbänder) als Zeichen gediegener Trauer modern. Dafür boten sich schwarze Steine und Hölzer mit der Symbolfarbe für Trauer an. Die Trauermode war ein eigener Geschäftszweig, der alle einschlägigen Varianten an Kleidung, speziell für Damen, anbot. Bis in die ersten Jahre nach 1945 war es zumindest teilweise üblich, dass Männer einen Trauerflor, eine schmale schwarze Textilschleife, am linken Arm trugen.

Partezettel und Bestattung

Ritualisiert ist seit dem 19. Jahrhundert die Anzeige des Todesfalls als Annonce in einer Zeitung, das Verschicken von Partezetteln und nun auch das Verteilen einer gedruckten Erinnerung samt Foto am Ende einer Trauerfeier. Weniger häufig ist heute der handgeschriebene persönliche Kondolenzbrief an die Hinterbliebenen. All die Trauer ist verbunden mit dem Wunsch nach Unterstützung für die Angehörigen des Toten, aber auch mit

Nr. 5476

Nr. 5476 Schwarzes Trauer-Krepp-kleid aus gutem echten Schafwoll-Kreppstoff, in ganz moderner neuer Ausführung und elegantem Wiener Schnitt; Schoß ganz gefüttert mit schwarzen fein. Trauer-Krepp-Biés, Taille ganz gefüttert mit gleichem Stoffeinsatz und feinem Krepp-Biés-Abschluß und Stoff-Knopfputz sowie gleichem Trauer-Kreppgürtel; diese Façon ist besonders hübsch kleidend; ganzes Kleid kostet . . K 32·—

1910 gab es dieses Trauerkleid um 32 Kronen bei Brüder Lechner (Eisernes Haus).

der Neuverteilung der sozialen Rollen. Mit und ohne Religion folgt ein Begräbnis in seinem Ablauf traditionell etablierten Regeln. Aber auch heute ist der religiöse Bezug und die Begleitung durch einen Geistlichen der mehrheitliche Standard. Bis 1909 gab es in Graz mehrere private Bestattungsunternehmungen. In diesem Jahr kaufte die Gemeinde Graz aufgrund einer Gewerberechtsnovelle diese Betriebe und betrieb die einschlägige Bestattungsanstalt fortan als Monopol. In der Gegenwart geht die Entwicklung wiederum in Richtung einer Privatisierung der

Ein Trauerzug von der Wohnung zum Friedhof mit tief verschleierten Frauen, 30er-Jahre des 20. Jahrhunderts.

Bestattungen. Feuerbestattungen wurden in Österreich erst 1922 erlaubt. 1932 entstanden das Krematorium und der Urnenfriedhof in Graz.

Es gibt auch in Graz eine offizielle Form der öffentlichen Trauer. Selten werden Fahnen auf Halbmast gesetzt. Häufiger werden auf öffentlichen Gebäuden schwarze Fahnen gezeigt. Große Begräbniszüge vom Sterbeort zur Kirche oder Friedhof sind nun extrem selten, einst waren sie viel häufiger. So gab es auch oft in der Wohnung oder der Kirche Aufbahrungen mit einem offenen Sarg. Heutzutage wird überwiegend im Krankenhaus gestorben.

Friedhöfe als Gedenkstätten

Über die Grazer Friedhöfe war vor etlichen Jahren in der BIG zu lesen. Für Graz sind 15 Friedhöfe zuständig. Diese erstaunlich hohe Zahl hängt damit zusammen, dass eine Pfarre traditionell auch einen Friedhof hat. Dies gilt aber nur für die Vergangenheit. Auch haben einige Religionsgemeinschaften (Protestanten, Altkatholiken und Juden) eigene Friedhöfe. Über einen islamischen Friedhof in Graz wird seit Längerem diskutiert. Gegenwärtig gibt es in dieser Frage nur eine Zwischenlösung. Es muss auch der Friedhof von Feldkirchen wegen der ehemaligen Zugehörigkeit von Puntigam zur Pfarre Feldkirchen erwähnt werden. Und auch der Friedhof des Anatomischen Universitätsinstituts in Tobelbad hat einen Graz-Bezug.

Gräber und Grüfte – das ist ein Unterschied – sind als Spiegelbild von Aufwand, Kunstgesinnung und Zeitgeist sehr unterschiedlich gestaltet. Am Zentralfriedhof gibt es rund 30.000 Grabstätten, am Friedhof Mariatrost nur etwas über 700. Friedhöfe, eine Wortableitung von „umfrieden", sollen Orte des Friedens sein.

Spuren der Geschichte

Einmal mehr möchte ich nun wieder über materielle Spuren in der Stadtgeschichte berichten. Diese Spuren zu finden und zu versuchen, sie zu dokumentieren und womöglich auch zu erklären, ist eine interessante Herausforderung.

Künstlerische Sparkassenwerbung im Garten der Salvatorpfarre.

Zwei Gebäude aus der Mitte des 19. Jahrhunderts sind durch ihre Bauherren mit der Freimaurerei verbunden. Dies fand auch in der Fassadengestaltung seine Darstellung. Das den Freiheitsplatz mit der Nr. 4 an seiner Nordseite abschließende monumentale Gebäude, das 1939 bis 2007 dem Stift St. Paul gehörte, ist den Grazern als St. Lambrechterhof bekannt. Errichtet wurde es aber 1838 für Leonhard Schönhofer durch Georg Lindner. Baumeister Georg Hauberrisser ist erst ab 1849 mit dem Gebäude befasst. Der Giebelfries zeigt eine für freimaurerische Symbolik typische Szene. Das Programm kann unter der Devise „Von der Bestialität zur Idealität" zusammengefasst werden. Von der durch wilde

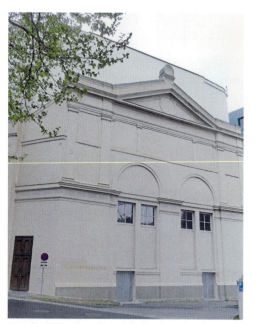

Rest des Zirkushaus beim Thalia-Komplex bei der Oper.

Tiere (Untugenden, Gefahren) verfolgten Unschuld führt die Darstellung auf der rechten Seite zu den Symbolen des Tempels der Weisheit, einem Genius (Ignaz von Born) auf einem rauen Stein und zu einem typischen Akaziensymbol. Zu dieser Komposition passten auch das Auge Gottes im Dreieck und die beiden Säulen der Hausfront.

Das zweite einschlägige Gebäude trägt die Bezeichnung Paulustorgasse 1–3 und ermöglicht mit seinem Torbogen den Berechtigten die Fahrt vom Karmeliterplatz auf den Schloßberg. Der Baumeister Franz Xaver Aichinger errichtete das 15-achsige Gebäude 1835 für sich selbst. Der charakteristische Schlussstein des Torbogens, das Relief über dem Haustor und die Figuren im Stiegenhaus zeigen freimaurerische Symbolik. Im Stiegenhaus sind Büsten von Freimaurern zu sehen: Mozart, Goethe, Mattheson und Leopold Herzog von Braunschweig.

Das versetzte Denkmal

Im Garten an der Ecke Körösistraße (bei Nr. 156) zur Robert-Stolz-Gasse ist im Garten ein Sandsteindenkmal mit einer wenig bekannten Geschichte zu sehen. 1936 schuf Wilhelm Gösser diese plastische Darstellung für die Bezirkssparkasse Graz-Umgebung an der Ecke Joanneumring zum Platz Am Eisernen Tor (damals Bismarckplatz). Das Programm des Reliefs kann unter dem Titel „Lob der Sparsamkeit" oder „Alle sparen" zusammengefasst werden. Verschiedene Berufe sind personifiziert um eine Frau mit einem kleinen steirischen Panther dargestellt. Als eine zeittypische Besonderheit ist das Ständesymbol für die Geldwirtschaft zu sehen. 1992 wurde die Plastik abmontiert und schließlich nach einigen Besitzwechseln und Übersiedlungen im Garten des Salvatorianerkollegs (nun Salvatorpfarre) aufgestellt.

Ein Giebelrelief voller Symbole, Freiheitsplatz 4.

Putto (Kopie) mit freimaurerischen Symbolen im Stiegenhaus des Hauses Paulustorgasse 1–3.

Warum die Brücke?

Biegt man von der Wiener Straße beim Haus 277 nach Westen in die Exerzierplatzstraße, so hat man zwei Wegstrecken zur Auswahl. Eine Straße führt geradlinig parallel zum Thalerbach, die andere verläuft schräg mit einer Brücke über den Bach. Diese Brücke wurde errichtet, um der Straßenbahnlinie 3 ein leichtes Abbiegen zu ermöglichen. 1957 wurde die Strecke Ibererstraße–Kalvariengürtel stillgelegt. Die schräge Brücke blieb erhalten.

Zwei bekannte Unbekannte

Wer Caspar Andreas von Jakomini, der Namensgeber des VI. Bezirks war, kann schnell festgestellt werden, beim ehemaligen Orts- und nun Bezirksnamen Eggenberg ist eine Ehrung der ganzen fürstlichen Familie und ihres Schlosses anzunehmen. Beim Bezirksnamen Puntigam ist eine Familie unbekannter Geschichte die Grundlage. Aber wer waren Walter (oder Walto, Waltfried) und Wetzel? Die Namen des IX. (Waltendorf) und XV. Bezirks (Wetzelsdorf) weisen auf Unbekannte hin. Vielleicht waren es frühe Grundherren oder Siedlerpioniere.

Kein Hafen in Straßgang

Seit 1974 gibt es in Straßgang nahe des Schlosses St. Martin die Ankerstraße. Zuvor war dies ein Teil der Trattfelderstraße gewesen. 1988 dachte P. Simbrunner in seinem Buch über Grazer Straßennamen, der Name

Denkmalgeschützte Einschusslöcher in der Fröbelschule als Dokumentation des Bürgerkriegs im Februar 1934. (l.)

Das Doppeladlerwappen des Ständestaates (1934–1938) als Symbol für das staatliche Tabakmonopol auf einer Grazer Trafik. (r.)

Ankerstraße wäre der Hinweis auf einen Anlegeplatz. In Wirklichkeit wollte man mit dem Straßennamen die Anker Datentechnik Ges. m. b. H. (Bielefeld) ehren, die dort von 1970 bis um 1980 einen Betriebsstandort, unter anderem zur Erzeugung von Registrierkassen, hatte.

Ein Rest vom Zirkusgebäude

Begeben wir uns nun in den Raum zwischen Girardigasse und Oper: 1830 (Neubau 1861) errichtete hier die Stadt Graz in der letztlich vergeblichen Hoffnung auf Einnahmen ein für Zirkusvorstellungen geeignetes Gebäude. Daraus wurde das ehemalige Theater am Stadtpark, das nun häufig als Thalia-Theater bezeichnet wird. 1899 fand hier eine von Abschiedsnostalgie begleitete letzte Vorstellung statt. Die prächtige neue Oper (damals Stadttheater) unmittelbar daneben hatte das eigenartige, fast runde Theatergebäude überflüssig werden lassen. Seither wurde viel an-, um- und schließlich sogar übergebaut.

So gab es das Thalia-Café, das 1955 zum damals größten Kino Österreichs umgebaut wurde. Und nun gibt es hier unter anderem das Next Liberty. Ältere können sich noch an die Dienststelle des ÖAMTC in der Girardigasse erinnern und an die Außenstiege zur Wohnung des Opernintendanten André Diel. All diesen Veränderungen zum Trotz steht auf der Nordseite des Thalia-Komplexes noch immer ein Bauelement des ehemaligen Zirkus- und Theatergebäudes. Hinter dem alten Stück Fassade befindet sich nun ein Kulissendepot.

Der Fürst mit drei Namen

Ein Grazer Stück Hofberichterstattung aus dem 19. Jahrhundert.

Bei strömendem Regen passierte der pompöse Kondukt (Trauerzug) für den Fürsten den Rand unseres Stadtparks (englische Zeitung am 2. Dezember 1893).

Als ein Ergebnis des Berliner Kongresses (1878) erhielt Klein-Bulgarien weitgehende Unabhängigkeit vom Osmanischen Reich. Bei der Suche nach einem Fürsten für das neue Bulgarien fiel die Wahl auf Alexander Prinz von Battenberg. Alexander stammte aus einer erst 1851 vom Großherzog Ludwig von Hessen neu geschaffenen Nebenlinie seines Herrscherhauses. Dieses „Haus Battenberg" war mit vielen regierenden europäischen Fürsten jener Zeit mehr oder weniger nahe verwandt oder zumindest verschwägert. So ist ein Zweig der Familie Battenberg (seit 1917 anglisiert: Mountbatten, siehe Philip, Duke of Edinburgh) genealogisch mehrfach mit dem englischen Herrscherhaus verbunden. Alexander Prinz von Battenberg wurde 1879 zum „Fürst von Bulgarien" ernannt. Die Geschichte der Balkanstaaten, so auch von Bulgarien, war damals

Der exilierte Fürst bewohnte die neobarocke Villa Hartenau, einst mit der Adresse Leechgasse 20 (nun 52) und der Telefonnummer 325.

konfliktreich und stand unter dem Einfluss der räumlich nahen Großmächte, so besonders des zaristischen Russlands. Die wenigen Jahre von Alexanders Herrschaft in Bulgarien waren von diesen Problemen überschattet. Seine Bemühungen, ein erfolgreicher und beliebter Fürst Bulgariens zu werden, waren mit vielen Konflikten belastet – mit innenpolitischen und außenpolitischen. Von außen wurde das nun territorial größer gewordene Bulgarien vom jungen Nachbarstaat Serbien bedroht, und von Russland – nun von seinem Verwandten, dem Zaren Alexander III. regiert – schlug ihm statt der bisherigen Unterstützung Gegnerschaft entgegen. Am gegen Ende des 19. Jahrhunderts unruhigen Balkan war die Herrschaft des bulgarischen „Zaren" Alexander I. unmöglich geworden. Er legte 1886 sein Monarchenamt nieder. Ein anderer Fürst aus Deutschland, natürlich auch ein Verwandter des nun exilierten Battenberg, Ferdinand I. aus der Familie Sachsen-Coburg, übernahm nach politischen Wirren die Herrschaft.

Aus seinem Privatleben

Prinz Alexander von Battenberg verlobte sich 1883 mit Prinzessin Viktoria von Preußen, einer Tochter des deutschen Kaisers Friedrich III. Aber ihr Großvater, Kaiser Wilhelm I., und besonders der mächtige Fürst Bismarck verboten diese Heirat. Das jahrelange Bemühen, aus der Verlobung eine Ehe zu machen, scheiterte 1888 an der dominanten Politik. Im folgenden Jahr heiratete Alexander in Menton(e) an der französischen Riviera die Opernsängerin Johanna Loisinger (1865–1951). Mit ihr und bald zwei Kindern wohnte Alexander nun in Graz.

Der Fürst dient nun in Graz

Kaiser Franz Joseph löste das diplomatische Problem über die Zukunft des nun exilierten Fürsten. Unter dem neuen Namen und Titel eines Grafen von Hartenau übernahm Alexander ein österreichisches Militärkommando in Graz. Er führte als Oberst das k. u. k. Infanterieregiment Nr. 27 (König der Belgier) und diente zuletzt als Generalmajor und Kommandeur der 11. Brigade. Sein Grazer Wohnsitz wurde das in der Folge Villa Hartenau genannte Gebäude Leechgasse 52. Gewisse Ähnlichkeit mit dem Schloss (Konak, jetzt Nationalgalerie) Alexanders in Sofia lassen

Prinz Alexander von Battenberg, Fürst von Bulgarien und danach Graf von Hartenau (1857–1893).

Alexanders Frau, Johanna Gräfin von Hartenau, zuvor die Sängerin Loisinger, mit den Kindern Assen und Zwentana (Sventana).

sich dadurch erklären, dass beide neobarocken Gebäude von Viktor Rumpelmayer entworfen wurden. Die Villa Hartenau hat bessere und schlechtere Tage erlebt und überlebt. Jahrelang war sie als Jugendheim im Besitz der Stadt Graz, nun ist sie in Privatbesitz. Der ehemalige große Park ist jetzt weitgehend verbaut.

1893 starb Graf von Hartenau unerwartet im Alter von nur 36 Jahren an einem Zwölffingerdarmgeschwür. Wie er es sich gewünscht hatte, wurde sein Leichnam nach einer eindrucksvollen Prozession durch Graz zum Evangelischen Friedhof (Gruft Reininghaus) schließlich in seine ehemalige Hauptstadt Sofia überführt. Dort gab es ein Staatsbegräbnis, an dem auch sein Nachfolger Ferdinand I. teilnahm. Seit 1887 ruht Alexanders Sarg (Kenotaph) in einem eigens errichteten Battenberg-Mausoleum. Als ein Begründer der Selbstständigkeit Bulgariens fand er posthum Anerkennung. Seine Witwe lebte ab 1908 in Wien. Dort war sie Mittelpunkt eines kulturaktiven Salons. Sie förderte unter anderem das Salzburger Mozarteum und in Wien die klassische Musikszene sowie die Sängerknaben. 1951 starb sie und wurde am Grazer St.-Leonhard-Friedhof beigesetzt. Schon kurz nach Alexanders Tod wurde die Lusthausgasse nahe seinem Anwesen nach Graf von Hartenau als Hartenaugasse benannt.

Im Exil in Graz

In Graz wohnten immer wieder Hochadelige und Fürsten, denen im Habsburgerreich Exil gewährt wurde.

König Ludwig von Holland aus der Familie Bonaparte, ein Bruder Napoleons, musste 1810 auf seinen Thron verzichten. Als Exilort wurde ihm Graz zugewiesen, und er zog in die Herdergasse nahe der Heinrichstraße. Die Kirche in Mariagrün, für ihn ein Lieblingsort, wurde von ihm dichterisch geehrt. Kurz folgte ihm sein Bruder Jerôme nach, der als König von Westphalen ins Exil gehen musste.

Der spanische Bourbone Don Alfonso lebte 22 Jahre lang bei uns. Ihm wurde vorgeworfen, in einem dynastischen Konflikt, der zu einem Bürgerkrieg ausartete, durch seine Truppen Grausamkeiten begangen zu haben. So war er in Graz nicht willkommen, und 1875 wurde mehrfach gegen ihn demonstriert. Seine Villa in der Humboldtstraße an der Ecke zur Körblergasse wurde damals von Demonstranten belagert.

Der Palast (Konak) des Fürsten Alexander in Sofia.

Nicht ganz passt ein Bruder von Kaiser Franz II. (I.) in diese Aufzählung. Doch hatte die Entscheidung für seine Wahlheimat Steiermark eine politische Vorgeschichte. „Unser" Erzherzog Johann, geboren in Florenz, musste aus politisch-familiären Gründen als junger Mann sein Tirol verlassen. Wegen seiner Verbindung zur Alpenbundverschwörung in Tirol wurde schließlich die Steiermark zu seinem neuen Lebensmittelpunkt.

Als „Fürst von Bulgarien" führte Prinz Battenberg (der spätere Graf Hartenau) dieses Wappen voll symbolischer Zitate.

Als in Graz die Industrie entstand

Hier soll einiger früher Industriebetriebe der Stadt gedacht werden. Einst waren sie wichtige Arbeitgeber – nun sind sie fast vergessen. Was produzierten sie? Wie lauteten ihre Namen? Wo waren die Standorte?

Die Eisenwarenfabrik befand sich am Bahnhofgürtel, um 1910.

Handwerksproduktion und Warenherstellung unter Industriebedingungen waren ein Gegensatz und sind es noch heute. Die ersten Industriebetriebe (Arbeitsteilung, Massenproduktion, Maschineneinsatz, Arbeiterschaft) waren nicht allerseits willkommen und brachten doch ein neues Zeitalter. Parallel zur neuen Produktionsweise entstand ein neuer Personenstand – der Industriearbeiter. Landflucht und Zuwanderung aus dem damals großen Staat Österreich brachten viele Arbeitskräfte nach Graz. Im Jahr 1880 waren 63 Prozent der Stadtbewohner nicht in Graz geboren. Die Murvorstadt, also die Bezirke Lend und Gries, war aus Kostengründen der bevorzugte Wohnplatz der Zuwanderer. So wie heute oft Studenten, wohnten Arbeiter damals häufig in einer WG

Die Hutfabrik Pichler in der Karlauerstraße wurde im Jahr 2000 abgerissen.

(Wohngemeinschaft). Die Stadt hatte damals mit Kellerwohnungen (vier Prozent) und Dach-(Mansarden-)Wohnungen (elf Prozent) einen unerfreulichen Rekordwert in Österreich-Ungarn. Der Stand der Erzeugungstechnik forderte von den Menschen meist Kraft und Ausdauer. Die Arbeitsbedingungen waren belastend, die Bezahlung schlecht. Aber es reichte zum Überleben. In den Gaststätten nahe der Betriebe organisierten sich trotz staatlichen Widerstands erstmals die Arbeiter.

Aus Firmen, die aus heutiger Sicht noch von recht bescheidener Größe waren, entwickelte sich die Großindustrie des späten 19. Jahrhunderts. In Graz gab es die Arbeiter dafür, die Kohle kam aus der Ost- und besonders der Weststeiermark und das Erz aus der Obersteiermark. Die Eisenbahn schuf die wichtigen Verkehrsverbindungen, und die Lage an der Achse Wien–Triest förderte die Wirtschaftsentwicklung. Allerdings so recht als Industriestadt entwickelte sich Graz weder einst noch später. Auch heute ist Graz eher eine Stadt der Verwaltung, des Handels und der Ausbildung.

Die ersten Industrien

Frühe Betriebe, organisiert nach Art der Industrie, gab es meist nahe der energiebringenden Mühlgänge. Eisenverarbeitung, Papiererzeugung und Textil- und Lederproduktion dominierten. Für das alte Graz waren auch

Brauerei Japl, Filiale Zum grünen Anger, Leonhardstraße, um 1885.

Humanic in der Lastenstraße: Schuhproduktion im Ersten Weltkrieg.

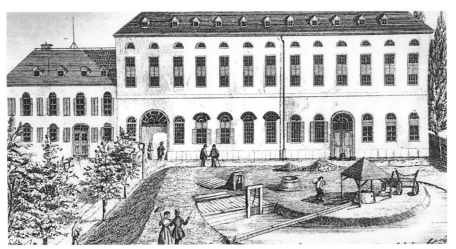
Zuckerraffinerie in der Heinrichstraße, Ecke Herdergasse; aus: Carl von Frankenstein: Fabriks-Bilder-Atlas, 1842.

die Mühlen und Ziegeleien wichtig. Aus vielen einschlägigen Kleinbetrieben entwickelten sich wenige große Brauereien. Diese waren mit den Namen Hold, Schreiner und insbesondere Reininghaus verbunden. Um 1860 gab es im damaligen Stadtgebiet noch neun Brauereien. Bald darauf kam das Bier nur mehr aus Puntigam und Eggenberg.

An der Wende vom 18. zum 19. Jahrhundert gab es im Süden der Stadt als frühen Industriebetrieb eine Kattunfabrik (Textilherstellung). Das Gebäude wurde in der Folge als Kaserne (Kirchnerkaserne, Kasernstraße) genutzt. Voll Stolz berichtete Gustav Schreiner 1843 in seinem Erzherzog Johann gewidmeten Graz-Führer, dass die Stadt acht Fabriken habe. Es waren dies die Zuckerraffinerie der Firma Arnstein und Eskeles (Heinrichstraße, Ecke Herdergasse), die Eisenwarenfabrik der Herren Körösi und Michalky (An der Wehr bzw. linksseitiger Mühlgang), die Geschirrfabrik der Herren Halbärth und Reinholz (Geschirrfabriksgasse bzw. Fabriksgasse), die Rosoglio- und Liqueur-Fabrik des Herrn Haack (Barmherzigengasse), die Instrumentenfabrik der Brüder Rospini (Bürgergasse), die Papierfabrik des Friedrich Lenk (Wiener Straße) und die Kutschenfabrik des Valentin Morandini (Klosterwiesgasse) sowie die Sanitätsgeschirrfabrik der Herren Dietrich und Reinholz (Triester Straße). Fast alle produzierten auf der Rechtsgrundlage eines k. k. Landesprivilegs. Sie kennen nicht alle Betriebe und deren

Die Braudynastie Reininghaus betrieb ab 1884 auf dem Gelände Wiener Straße 340 eine Farbenfabrik. Damals wurde der Mühlgang als Energiequelle genutzt. Nach dem Ende der Produktion blieben die museal gewordenen Anlagen bis 2011 erhalten.

Betreiber? Das zeigt, wie sehr Wirtschaft im steten Wandel steht.

Weißgeschirrfabriksgasse und andere

An manche einst erfolgreiche Industriebetriebe erinnern heute Straßennamen: Angelo-Eustacchio-Gasse, Arlandgrund, Eisengasse, Eiswerkgasse, Fabriksgasse (einst Weißgeschirrfabriksgasse), Gasometerweg, Gaswerkstraße, Glasfabriksstraße, Kettengasse, Papiermühlgasse, Seidenhofstraße, Zanklstraße, Ziegelstraße. Bekannt ist der Name des Veranstaltungszentrums Seifenfabrik. Und vor der AVL liegt nahe der Keplerstraße der Hans-List-Platz.

Industriepioniere

Gegen Ende des 19. Jahrhunderts stiegen die Zahl und die Größe der Industriebetriebe. Parallel dazu nahm die Einwohnerzahl zu. Bekannte Namen aus dieser Zeit sind die Waggonfabrik Weitzer, die Eisenbauanstalt Waagner-Biró oder die Glasfabrik in Eggenberg. In der Nähe des Bahnhofs befand sich das Schienenwalzwerk der Südbahn. Am Bahnhofgürtel, an der Ecke zur ehemaligen Robert-Meyer-Gasse, stand die Schlosserwarenfabrik Lapp-Finze-A.G. An der Adresse Lastenstraße 33 gab es die großflächigen Industrieanlagen von Felten & Guilleaume. Wie sehr Erfolg und Misserfolg der Industriepioniere der späten Gründerzeit dicht beieinander lagen, zeigten Johann Puch und Benedict Albl. Der ehemalige Mitarbeiter bei Albl, nämlich Puch, stieg zu den Großen seiner Branche auf. Die Familie Albl dagegen stürzte nach anfänglichen Erfolgen als Fahrrad- und Autohersteller wirtschaftlich ab. Der mit seiner Maschinenfabrik in der Gemeinde Andritz erfolgreiche Josef Körösi hatte mit Anton Körösi, der in der Griesgasse unter anderem Dampfapparate zur Vertilgung von Ungeziefer verkaufte, zwar keine Konkurrenz, wohl aber Ärger.

Zahlen und Menschen

Staaten, Städte, Verwaltende und Regierende wollten schon immer wissen, wer und wie viele bei ihnen leben. Dieses Interesse gibt es auch heute, und auch in Graz.

Blick vom Florianiberg über die Pfarrkirche von „Straßgang bei Graz" zum um 1915 weit entfernten Graz.

Einwohner zu zählen ist nicht nur ein Akt bürokratischer Ordnungsschaffung, sondern folgt auch einem sehr realen Auftrag. Immer schon wichtig war die Erfassung möglicher Steuerzahler. Auch wollte man erfahren, wen man zum Militär oder zu verschiedenen Dienstleistungen rufen konnte. Wer gehörte hierher und wer nicht? Fremde waren schon immer verdächtig! Hoheitsträger wollen Buch führen über Wohnende, Arbeitende, Geborene, Gestorbene, Zugezogene, Weggegangene usw. Die Bevölkerungsevidenz freut nicht nur die Verwalter, Politiker und Planer, sondern auch z. B. Gerichte, Briefträger und Historiker. Fast bis zur Gegenwart war bei uns die katholische Kirche auch für die Standesführung der Personen zuständig.

Drei Generationen samt den damals modischen Kinderwagen im Graz der 1940er-Jahre.

Gar nicht so einfach

Die sehr einfache Grundrechnung für Einwohner ist: Bevölkerung plus Geburten und Zuzug minus Gestorbene und Weggezogene. Aber allein schon der mitunter beachtliche Unterschied zwischen anwesender Bevölkerung und Wohnbevölkerung bringt recht unterschiedliche Ergebnisse. In der Vergangenheit war die Berechnung nach „Zuständigkeit" von Bedeutung, besonders für die sozial Betroffenen. Werden Soldaten, Touristen, Studenten, Gastarbeiter und Gefangene zur Wohnbevölkerung gezählt? Wie schaut es mit Pendlern und Zweitwohnungsbesitzern aus? Bedarf es einer Volkszählung oder reicht eine Weiterrechnung aufgrund alter Zahlen?

Was heute eine definierte Verwaltungseinheit ist, hat in der Vergangenheit mehrfach den Umfang und auch die Bezeichnung geändert. Beispielsweise entstand der Bezirk Liebenau aus den Gemeinden Liebenau, Engelsdorf, Murfeld, Neudorf und dem Nordteil von Thondorf. Allerdings gab es Murfeld erst 1931, und von 1938 bis 1945 (de iure erst 1946) existierte ein Großbezirk Graz-Südost mit ganz anderen Grenzen. Bevölkerungsstatistik für die Vergangenheit ist schon eine Herausforderung, noch schwieriger wird es, eine Prognose für die Zukunft zu erstellen. Irgendwann hat ein Pointensammler betont, dass auch Bevölkerungsprognosen dann besonders unsicher sind, wenn sie sich auf die Zukunft beziehen.

Auch Graz lebte vom Zuzug

Das „neue Graz" des Industriezeitalters der Arbeiter und Bürger wuchs in der zweiten Hälfte des 19. Jahrhunderts stark. Besonders die Zuwanderung aus dem ländlichen Bereich trug dazu bei. Bei der Volkszählung 1880 waren knapp zwei Drittel der Bewohner nicht in Graz geboren! Das bezog sich auf die damalige Stadtgrenze der heutigen inneren sechs Bezirke. Wenn also jemand z. B. von St. Peter nach Graz zog, so war er ein „Immigrant". Es bedurfte damals meist zweier Generationen, damit Zuwanderer zu „echten Grazern" wurden. Aber es waren nicht nur Vorstädter, die nach Graz kamen, sondern auch Menschen aus entfernteren Kronländern Österreich-Ungarns suchten Arbeit, Einkommen und Anerkennung in der nun aufblühenden Industrie- und Handelsstadt mit der lokalen Hauptstadtfunktion an der wichtigen Südbahnstrecke. Sprachliche Zuordnungen von Familien- und Vornamen zu Herkunfts- und Kulturbereichen sind ein sehr fehlerhafter Versuch, Identitäten zuzuordnen. Trotzdem ist es interessant, in alten Adressbüchern nach der „Buntheit der Namen" des nun groß gewordenen Graz zu suchen.

Signalisieren Zahlen Erfolg?

Auch Graz hat klein angefangen! Der Stadthistoriker Fritz Popelka schätzte Graz ohne Umgebungsdörfer im Jahr 1300 auf 2000 Einwohner. In der Innerösterreichzeit des 16. Jahrhunderts wird die Bewohnerzahl inklusive der Umgebung auf rund 10.000 geschätzt. Für 1759 schätzte R. Mayer ein damals noch nicht existierendes Groß-Graz der Grenzen nach auf 30.000. Am Ende der vorindustriellen Zeit um 1850 gab es im Graz der alten Stadtgrenze rund 56.000 Einwohner plus fast 5000 Soldaten. Also war Graz insgesamt über die Jahrhunderte nach der Zunahme von Bewohnern ein Erfolgsmodell. Kein anderer Ort in der Steiermark machte so eine Karriere. Bei der Volkszählung von 1869 wurden im I. Bezirk

„Innere Stadt" fast 17.000 Personen gezählt. Anfang 2021 waren es im gleichen Bezirk nur mehr 4000. Was nun als Ergebnis einer Citybildung zu wenig ist, war einst deutlich zu viel. So hielt Graz einst den monarchieweiten traurigen Rekord an Keller- und Dachbodenwohnungen. Gegenwärtig sind mit über 35.000 Bewohnern der Bezirk Jakomini und mit fast 33.000 der Bezirk Lend die Rekordhalter. Im Jahr 1900 gab es in Jakomini auch schon 29.000 „Anwesende".

Einen theoretischen Quantensprung an Bewohnern machte Graz im Herbst 1938 von 153.000 auf 209.000. Das Graz der sechs inneren Bezirke (22 Quadratkilometer) wurde zum Groß-Graz (fast 127 Quadratkilometer) erweitert. 1942 kam im Südosten (Neudorf, Thondorf) noch etwas zur Stadt. Die Zahlen für 1945 und die ersten Nachkriegsjahre waren entsprechend der politischen Ereignisse irregulär schwankend.

Auffallend ist jedoch ein leichter Rückgang der Einwohnerzahl in den 1970er- und 1980er-Jahren. Damals wuchs Graz jenseits der Stadtgrenze. Seit 1990 steigt die Zahl wieder. Besonders jedoch die „anwesende Bevölkerung", also Bewohner inklusive der hier aktiven Personen.

Noch nie gab es so viele Grazerinnen und Grazer!

Wo wurden die Grazerinnen und Grazer laut Volkszählung 1880 geboren? Grafik achtzigzehn, Quelle: Sammlung Kubinzky.

Wer war Lilienthal?

1895 wurde in der Gemeinde Eggenberg die Vinzenzkirche eingeweiht. Ein großer Teil der Mittel für diesen Bau stammte aus dem Erbe von Leopold Freiherr von Lilienthal. Die Straße dort wurde in Dankbarkeit nach ihm benannt. Hier nun eine Kurzfassung von Lilienthals Biografie.

In der Taufkapelle der Herz-Jesu-Kirche erinnert ein Relief an den frommen Förderer und „Vater der Armen".

Leopold Krametz, später meist nach seinem Adelstitel Lilienthal benannt, wurde als Sohn eines Juristen und Hofrats 1811 in Wien geboren. Seine Mutter starb früh, und der junge Leopold fand seine Ausbildung in Wien im damals berühmten Internat „Klinkowström", das für adelige Kinder gedacht war. Dort gab es eine solide Ausbildung und Kontakte zu den adeligen Kreisen jener Zeit. Lilienthal studierte in Graz Jus und fand 1835 eine Anstellung als Bücherrevisionsbeamter im Staatsdienst. Seine Lebensführung änderte sich 1842 durch die Eheschließung mit Josefa Egger

Im Eigentum der Vinzenzgemeinschaft befindet sich dieses ordensgeschmückte Porträt Lilienthals.

von Eggenwald grundlegend. Ihrer Familie gehörte das ob seines Wertes berühmte Radwerk XIV in Vordernberg und großer Grundbesitz, besonders in der Ober- und Weststeiermark. 1846 trat er aus dem Staatsdienst aus und widmete sich dem Familienbesitz. Als seine Frau 1857 mit nur 37 Jahren an „Brustwassersucht" (Hydrothorax) starb, fiel der Besitz der Radwerksfamilie Egger an den Witwer. In der Folge wurde das Radwerk XIV 1863 an Franz Mayr von Melnhof verkauft. Auch das Erbe seiner Stiefmutter Therese von Lilienthal fiel an Leopold. Aus dem reichen Erben wurde nun ein introvertierter Mäzen und Förderer für soziale und religiöse Notfälle.

Vater der Armen

Der „Vater der Armen", wie er bezeichnet wurde, lebte zurückgezogen. Intensiv war sein Kontakt nur mit dem Dompfarrer Dr. Alois Hebenstreit, der von den Notleidenden oft als Fürsprecher eingesetzt wurde. Lilienthal unterstützte nur Hilfsprojekte, von deren Notwendigkeit und Erfolg er überzeugt war. Er wird im Umgang mit anderen als schwierig geschildert. Für Arme und Hilfsbedürftige spendete er große Summen, allerdings mit Überlegung und so, dass das Grundkapital nicht verloren ging. Klöster und kirchliche Bauten wurden ebenfalls großzügig unterstützt. Notleidende Kinder waren ihm ein besonderes Anliegen, aber auch eine Gruppe „armer Frauen". Auch weltliche Unterstützungsvereine, z. B. für Studenten, das Weiße und das Rote Kreuz, das Bürgercorps, das Hausregiment Nr. 27 sowie patriotische und wissenschaftliche Vereinigungen erhielten finanzielle Hilfe. Teilweise erfolgte diese in nobler Zurückhaltung ohne Wissen der Öffentlichkeit.

Der Fürstbischof als Erbschaftsverwalter

Auch wenn der „Kulturkampf" zwischen der Bismarck'schen Staatsführung und der katholischen Kirche seinen Schwerpunkt im damals neuen Deutschen Reich hatte, ähnliche Konfrontationen zwischen dem großdeutschen Bürgertum und der katholischen Kirche gab es auch im Habsburgerreich. Die kirchliche Führung in der Steiermark lag damals bei Fürstbischof Johann VII. Baptist Zwerger (1867–1893). Schon zu Lebzeiten Lilienthals konnten durch dessen Großzügigkeit und dann durch das dem Bischof zugefallene Erbe nach seinem Tod im Jahre 1889 aufwendige Projekte der Kirchen finanziert werden. Die neue neogotische Herz-Jesu-Kirche im Grazer Stadtteil St. Leonhard wurde zu einem großen Teil aus dem Vermögen und dann aus dem Erbe nach Lilienthal finanziert. Ein Relief in der Kirche (Taufkapelle) erinnert an den Förderer. In der Literatur wird die Symbolik betont, dass am 2. Dezember 1889 anlässlich des Leichenzugs für Lilienthal die neuen Glocken der Herz-Jesu-Kirche nach gelungener Probe erstmals erklangen.

Zu rund einem Viertel spendete Lilienthal die Kosten der Herz-Jesu-Kirche, Mittelpunkt dieses gründerzeitlichen Wohnviertels.

Lilienthal und die Vinzenzgemeinschaft

Außer den Projekten zur Erneuerung und Vertiefung des Glaubens gab es die Sozialhilfe. So das Knabenasyl Leopoldinum in Eggenberg, gegründet durch den Pfarrer von St. Andrä, Leopold Hofbauer. Mit namensgebend waren Leopold Lilienthal und Oberin Leopoldine Brandis. Auch hier waren es die großzügigen Spenden Lilienthals, die die Errichtung und Erhaltung dieser Sozialeinrichtung ermöglichten. Die Orden der Lazaristen und der Barmherzigen Schwestern erhielten namhafte Zuwendungen. Zu Lilienthals Lebzeiten entstanden durch seine Förderung die ersten Vinzenzgemeinschaften (1870 Graben, 1873 Mariahilf und Stadtpfarre, 1880 St. Vinzenz). Gegenwärtig gibt es in Graz 36, in der Steiermark 62 Vinzenzgemeinschaften. Jene in Eggenberg hat die Adresse Lilienthalgasse 20. Die Grazer Vinzenzgemeinschaften begingen 2019 den 130. Todestag ihres Förderers. Sie pflegen auch die Lilienthalgruft am St.-Peter-Friedhof.

Ehrungen und Bescheidenheit

Sein Engagement fand nicht nur bei den Geförderten, sondern auch im weltlichen und geistlichen Bereich Anerkennung. Ein Ölbild der Vinzenzgemeinschaft zeigt den stolzen Humanisten im Schmuck seiner Orden. Es wird überliefert, dass ihn diese Form der Anerkennung zwar freute, wohl aber nichts an seinem zurückgezogenen und bescheidenen Leben in seinem Haus am Burgring 6 änderte. 1881 wurde Lilienthal nach der Verleihung des Eisernen-Krone-Ordens III. Klasse in den Ritterstand erhoben. 1886 ernannte ihn Kaiser Franz Joseph zum Freiherrn. Außer dem kaiserlichen Orden und päpstlichen Ehrungen wie dem Christus-Orden oder dem Titel des Geheimen Kämmerers erhielt der Menschenfreund durch Papst Leo XIII. auch die Würde eines „Römischen Grafen". Trotz der Verbundenheit mit dem katholischen Glauben erkannte Kaiser Franz Joseph die päpstlichen Adelstitel, die seine Untertanen erhielten, nicht an. Im Grazer privilegierten Bürgercorps hatte Lilienthal den Rang eines Obersten. Nach Lilienthals Tod war nicht nur im christlichsozialen „Grazer Volksblatt", sondern auch in der liberalen und antiklerikalen „Tagespost" ein überaus ehrender Nachruf zu lesen.

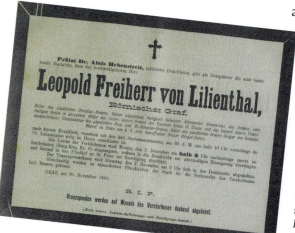

Im „Grazer Volksblatt" erschienen 1889 die Parteanzeigen für Leopold Freiherr von Lilienthal.
Dompfarrer Dr. Hebenstreit leitete die Begräbnisfeier.

Auf dem Weg in die Moderne

Ab der Mitte des 19. Jahrhunderts veränderte sich Graz stärker als in Jahrhunderten zuvor. In Wien war mit dem Börsenkrach von 1873 die Gründerzeit zu Ende. In Graz dauerte die Konjunktur, allerdings verbunden mit sozialen und politischen Problemen, viele Jahre länger.

Der Südbahnhof (Hauptbahnhof), 1877 nach dem Plan von Wilhelm Flattich im Neorenaissancestil erbaut, und links das dazu passende Hotel (Hotel Daniel).

Graz hatte im späten 19. Jahrhundert den Ruf einer ruhigen Pensionistenstadt mit billigeren Preisen als in Wien und trotzdem einem respektablen Angebot an Kultur und Wirtschaft. Über die negativen Aspekte des Zeitgeistes und über die bedrückenden sozialen Lebensumstände eines Großteils der Bevölkerung wurde einst und, nostalgisch geschönt, auch später gerne hinweggesehen. In jener Zeit entstanden zwei neue die Stadt bestimmende Sozialgruppen. Mit der neuen personalintensiven Industrie entstand die Industriearbeiterschaft und mit der Urbanisierung ein neues selbstbewusstes Bürgertum, das nicht mehr persönlich mit Handel und Handwerk verbunden war. Vereinfacht dargestellt gab es im späten 19. Jahrhundert drei politische Lager. Zahlenmäßig stark, aber politisch

Für die k. k. Landesfinanzdirektion wurde 1904 in der Jakominigasse 58 (nun Conrad-von-Hötzendorf-Straße 14–18) ein schlossartiges Gebäude errichtet.

schwach war die Arbeiterschaft. Um politische Macht ging es zwischen den konservativ-katholischen und unbedingten Anhängern der Habsburgermonarchie und den Nationalliberalen, die sich dem Deutschtum verbunden fühlten. Östlich und westlich der Stadtmitte verstärkten sich die sozialen Unterschiede.

Das politische Klima war konfliktbeladen. Es gab Demonstrationen und Streiks. Antisemitismus und Antislawismus waren ein Teil des Alltags. Was den einen ein Anliegen war, dagegen protestierten die anderen. So gegen den Bau der Herz-Jesu-Kirche und der Josefskirche. Sogar der Bau des interkonfessionellen Zentralfriedhofs führte zum Streit der Parteien. In der Realität entschied damals kaum mehr als ein Prozent der Bevölkerung in der sehr bescheidenen Form einer frühen Demokratie über die Besetzung politischer Positionen. Der kaiserliche Statthalter in der Burg dominierte die Landespolitik. Der Landeshauptmann im Landhaus hatte eine deutlich geringere Macht. 1898, 1912 und 1914 übernahmen Regierungskommissäre die Aufgaben des Bürgermeisters.

Aber es gab auch …

Seit 1857 war die Bahnverbindung zwischen der Reichshauptstadt mit dem einzigen bedeutsamen Hafen Österreich-Ungarns eine überaus wichtige Strecke. Graz profitierte von der Lage an dieser Strecke Wien–Triest. Das Erz aus der Obersteiermark und die Kohle aus der West- und Oststeiermark zählten zu den Grundlagen der Industrie im Westen der Stadt. Wirtschaftspioniere wie Johann Puch, Josef Körösi, Johann von Reininghaus und Johann Weitzer demonstrierten jenen wirtschaftlichen Erfolg, den viele andere nicht hatten. Ab 1878 gab es in Graz einen öffentlichen

Auf dem Weg in die Moderne 81

Eine der k. k. Landwehrkasernen im Kasernenviertel westlich des Bahnhofs.

Das selbstbewusste Grazer Bürgertum erbaute sich mit dem neuen Rathaus 1893 ein repräsentatives Verwaltungszentrum, aber auch ein Denkmal für seine Gesinnung gegen das landständische Landhaus und die Burg als Amtssitz des kaiserlichen Statthalters.

Verkehr. Um 1900 wurden die zuvor durch Pferde betriebenen Strecken elektrifiziert. Da die neuen Linien über die traditionelle Stadtgrenze hinausführten, halfen sie, den Stadtrand zu urbanisieren. 1891 wurde erstmals eine Stadterweiterung gefordert.

Die großen Betriebe mit ihrer hohen Beschäftigungszahl boten den vielen aus der Landwirtschaft in die Stadt Abwandernden Arbeitsplätze. 100 Jahre nach den Schulreformen von Maria Theresia waren, weil sie aus einer so anderen Lebenskultur stammten, neun Prozent der Grazer schreibschwache Analphabeten. Aus anderen Kronländern kamen viele nach Graz. So stammten laut der Volkszählung 1880 jeweils fünf Prozent der Einwohner aus Ungarn, Böhmen und Niederösterreich mit Wien. 1880 waren zwei Drittel der Grazer nicht in Graz (heute die Bezirke I bis VI) geboren. Das Wachstum an Einwohnern lautete 1850: 56.000; 1900: 138.000. Häufig gab es Dachboden- und Kellerwohnungen.

Repräsentative Monumentalbauten prägen das Stadtbild

Typisch für jene Zeit war auch das Wachstum der Bürokratie und der Verwaltung. Das erst 86 Jahre alte Rathaus wurde 1893 durch einen monumentalen Neubau ersetzt. Universität, Technische Hochschule, Gymnasien, Volksschulen, Museum Joanneum, Amtshäuser (Stadt und Land), aber auch Gerichte, Finanz und das Landeskrankenhaus erhielten repräsentative Gebäude. Die Ziegelwerke in St. Peter, in Messendorf und nahe der Alten Poststraße hatten Hochbetrieb und brachten einen Zuzug aus dem italienischen Teil des alten Österreichs. Westlich des neuen Südbahnhofs entstanden mehrere Kasernen für Armee und Landwehr. Die Garnison Graz umfasste rund 5000 Mann. Aus heutiger Sicht kann man das Rüsten für einen großen Krieg erkennen.

Das aus militärischen Gründen verbauungsfreie Vorfeld östlich der Kernstadt wurde mit dem von der Stadt Graz erst 1885 erworbenen Schloßberg zur bürgerlichen Erholungslandschaft Stadtpark gestaltet. Der Augarten im Süden (1895) und der Volksgarten (1875 und 1882) im Westen waren zwar im Vergleich dazu bescheidene Anlagen, wohl aber waren öffentliche Grünflächen auch in anderen Teilen der Stadt schon ein Fortschritt. Steigende Studentenzahlen (1863: 400; 1894: 1570) und großzügige Neubauten förderten Wissenschaft und Ausbildung. Theater und Konzerte boten fast das Niveau der Wiener Kulturszene. Aber eben nur fast.

Eine „große Zeit"?

War das späte 19. Jahrhundert eine „große Zeit" für Graz? Vermutlich nicht, da die vielen positiven Entwicklungen stark mit negativen verbunden waren. Wohl aber erlebte Graz gegen Ende des 19. Jahrhunderts einen Entwicklungsschub mit bedeutsamen Veränderungen und befand sich nun auf dem Weg in die Moderne.

Dieser Weg führte allerdings erst über eine katastrophenreiche erste Hälfte des 20. Jahrhunderts in die Gegenwart.

Die Messehalle (Industriehalle), errichtet 1880, auf einer zeitgenössisch modernen Ansichtskarte um 1910.

Vier Hufe für den öffentlichen Verkehr

2018 konnte man in Graz „140 Jahre öffentlicher Verkehr" feiern. Es gab zwar auch schon vor 1878 etwas Ähnliches wie einen öffentlichen Verkehr. Aber 1878 war der bescheidene Beginn einer neuen Epoche im innerstädtischen Bereich.

Pferdetram am Auerspergplatz (Am Eisernen Tor); Ölbild von Otto Wintersteiner, 1887.

Postkutschen verbanden einst die Station in der Stadtmitte mit Zielen jenseits der alten Stadtgrenze und deren Mautstationen. Der Eisenbahnverkehr eröffnete für Graz ab 1844 eine neue Form der Fortbewegung. Der Massenverkehr mit Dampfantrieb auf Gleisen forderte auch eine Ergänzung innerhalb der Stadt.

In Verbindung mit dem Südbahnhof (heute Hauptbahnhof) konnte man mit einem „Omnibus" verschiedene Ziele, insbesondere Hotels, erreichen. Der Omnibus des 19. Jahrhunderts war eine Art Sammelkutsche, mit der Personen, die nicht zusammengehörten, gemeinsame Ziele anfahren konnten. In der Türkei der Gegenwart sind Taxis mit dem Namen „Dolmusch" vergleichbare Einrichtungen.

Viele Projekte und viel Bürokratie

Pferdetramway, Doppelbespannung, 1899.

Schon 1827 wurde die Pferdeeisenbahn von Budweis nach Gmunden eröffnet. 1832 entstand in New York eine schienengebundene und pferdebetriebene Tramway mit einem geregelten öffentlichen Verkehr (Fahrplan). In Europa folgten ab der Mitte des 19. Jahrhunderts ähnliche Anlagen (Paris 1855, London 1861, Berlin 1865, Wien 1865). Nun war auch Graz gefordert: Zwischen 1865 und 1868 stellten fünf Unternehmer an die k. k. Statthalterei der Steiermark den Antrag auf Errichtung einer Pferdebahn. Zwischen den Jahren 1865 und 1878 gab es eine Fülle von Projekten, Anträgen, Konzessionserteilungen (dafür war das Handelsministerium zuständig), Vertragsabschlüssen und das Erlöschen einer Konzession. 1878 lichteten sich die bürokratisch-technisch-finanziellen Wirrnisse. Am 25. Februar 1878 kam es zum Vertragsabschluss zwischen der Stadt Graz und einer Firmenkonstruktion unter Leitung von Bernhard Kollmann. Es folgten die Konzessionserteilung und am 8. Juni 1878 die Eröffnung der ersten Teilstrecke vom Bahnhof zum Jakominiplatz (2,2 Kilometer). Es war dies die 15. Pferdetram Österreich-Ungarns.

Wer war Bernhard Kollmann?

Bernhard Kollmann (Annenstraße 3) war der Inhaber der Grazer Pferdetram. Kollmann (1834 Temesvár – 1885 Wien) hatte laut Urkunde Deutsch als Umgangssprache und war jüdischen Glaubens. Letzteres war zwar für die mehrheitlich großdeutsch orientierten Grazer Bürger – und nur diese trafen damals die urbanen Entscheidungen – keine Empfehlung, wohl aber sichtlich auch kein Hindernis für den Vertragsabschluss. Kollmann konnte auf seine Konzession für die Tramway in Prag und Brünn hinweisen. Bis zu seinem Tod war er Direktor der Grazer Pferdetramway. Seine Gruft befindet sich am Wiener Zentralfriedhof (Erstes Tor). Für seine Erbin und Halbschwester (Katharina Kollmann-Markbreiter)

 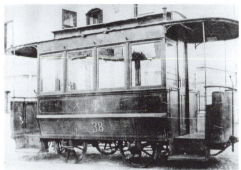

Die Linie Jakominiplatz–Staatsbahnhof (nun Ostbahnhof) wurde 1888 als Verlängerung der „Ausstellungslinie" errichtet (ab 1880 fuhr diese zur Industriehalle).

Pferdebahnwagen 38, 1887 von der Firma J. Weitzer geliefert; Foto 1899.

wurde das villenartige Gebäude Elisabethstraße 61 errichtet. Ihr Ehemann Jakob Markbreiter war ebenfalls Direktor der Grazer Tramway Gesellschaft (GTG).

Zwei Konkurrenzfirmen in Graz?

Während der Überlegungen zur Elektrifizierung der Pferdetram kam es zur Planung und zum Bau der „Elektrischen Kleinbahn" von der Zinzendorfgasse nach Mariatrost in der Gemeinde Fölling. Das Projekt des Stadtbaumeisters Andrea Franz war aber ein umfangreicheres. Nicht nur im Osten wollte man die neue und technisch fortschrittliche „Elektrische" in die Oststeiermark fortsetzen, sondern auch im Westen das Streckennetz in die Stadt durch das Burgtor hineinführen. Dazu kam es aber nicht. Die Chance – oder war es eine Gefahr? –, dass zwei sich konkurrierende elektrische Tramway-Unternehmungen in einer Stadt mittlerer Größe jeweils ein eigenes Liniennetz einrichten, war aber zumindest theoretisch gegeben und wäre eine höchst originelle Lösung gewesen.

Schienenkutschen nach Fahrplan

Bewundernswert schnell wurden die Gleise für die Pferdetram montiert. In nur 24 Arbeitstagen war die zweigleisige Strecke vom Bahnhof zum Jakominiplatz fertiggestellt. Zum 50-köpfigen Personal gehörten unter anderem zwölf Kutscher und zwölf Kondukteure (Schaffner) sowie acht Stallburschen. Es gab auch einen Kontrollor und einen Oberkontrollor.

Der Griesplatz in den 1960er-Jahren. Der O-Bus fuhr von hier bis 1967 nach Straßgang. Der Hinweis „Spielfeld 46 km" weist darauf hin, dass der Platz damals in den internationalen Verkehr eingebunden war.

Die Uniformen fanden Anerkennung. Zu Feiern trug man dunkelgraue Hosen mit rotem Passepoil und „blaue Waffenröcke nach französischem Schnitt". Der Fuhrpark bestand anfangs aus vier offenen Sommerwagen und acht geschlossenen (Winter-)Wagen. 1899 gab es neun offene Sommerwagen und 40 geschlossene Kutschenwaggons (Linksverkehr!).

Wie etliche Zwischenfälle bewiesen, war der Umgang mit den Pferden kein sehr pfleglicher. Meist wurde nur ein Pferd als Antrieb eingesetzt. Das reichte zwar nach einer Berechnungsformel für pferdebetriebene Schienenfahrzeuge, war aber in der Praxis deutlich zu wenig. Drei bis sieben Pferde für jeden benutzten Wagen waren zur Schonung der Tiere die übliche Richtzahl. Die Stallungen befanden sich am Ort der späteren Remise II in der Eggenberger Straße (Einfahrt zwischen dem Eggenberger Gürtel und der Finkengasse).

Die „Elektrische" kommt

1895 erreichte das Netz der Pferdetram mit 10,8 Kilometern seine größte Länge. Während in diesem Jahr noch ein weiteres Teilstück eröffnet wurde (Jakominiplatz–Schillerplatz), liefen schon die Verhandlungen für die Elektrifizierung zwischen der Stadt Graz und der GT (Grazer Tramway). 1899 erfolgte recht schnell die Umstellung auf die „Elektrische". Am 23. Juli 1899 war, sieht man von späteren Schaufahrten ab, der Pferdebetrieb beendet. Im letzten vollen Betriebsjahr (1898) wurden fast 2,8 Millionen Passagiere gezählt.

In der Gegenwart hat eine Straßenbahngarnitur rund 500 PS (Pferdestärken) und wiegt voll beladen um die 50 Tonnen. Die Straßenbahn mit ein und zwei PS ist nun seit mehr als 120 Jahren Geschichte. Wer mehr zu diesem Thema erfahren will, der sollte in Herbert Wöbers Buch „Die Grazer Pferdetram 1878–1899", Wien 1978, nachlesen.

Mit der Roten Tram nach Mariatrost

Neben der Ringlinie, dem klassischen 2er, ist die elektrische Mariatrost-Kleinbahn, die Rote Tramway, am besten in der nostalgischen Erinnerung der Straßenbahnfreunde geblieben. Warum dies? Hier der Versuch einer Antwort.

Die damals neue rote Kleinbahn in St. Johann im Mariatroster Tal; Verlag Strohschneider, 1900.

Fast 43 Jahre führte die aufgrund ihrer Farbe „Rote Tram" genannte elektrisch betriebene Kleinbahn von der Zinzendorfgasse, Ecke Glacisstraße, über die damals neue Universität, die Schubertstraße und den Hilmteich nach Maria Trost (neue Schreibweise: Mariatrost). Während die Grazer Tramway Gesellschaft (GTG) erst ab Mitte 1899 den Pferdebetrieb auf Elektrizität umstellte, war die Tramlinie des Bauunternehmers Franz seit ihrer Eröffnung am 29. Jänner 1898 eine „Elektrische". Beim Bau gab es, wie zu erwarten war, Probleme bei der Grundstücksablöse, und etliche Anrainer protestierten gegen die randstädtische Linienführung in der

Die Mariatroster-Tram 1915, aufgenommen mit der Wallfahrtskirche und dem Neubauer'schen Jubiläumswaisenhaus.

Nähe ihrer Häuser und Villen. Bauherr und Finanzier war der Stadtbaumeister Andrea Franz (1832 Moggio/Udine – 1910 Graz), damals erste Adresse für Bauprojekte und Finanzierungen. Nach einem Jahr verkaufte Franz die Bahn an das Wiener Bankhaus Dutschka. Ab 1905 erfolgte die Betriebsführung durch die GTG. 1939 waren endlich alle Geschäftsanteile im Besitz der GTG, und 1940/41 erfolgte die Umstellung auf die Spurbreite der Grazer Tramway (Normalspur 143,5 statt Schmalspur 100 Zentimeter) und damit das Ende der Roten Tram. Schon 1939 gab es keine Straßenbahnlinie mehr zur Universität und in der Schubertstraße, da auf der Strecke zum Hilmteich nur mehr Autobusse verkehrten. Als Ersatz gab es ja die spätere Linie 1, damals noch eine Pferdetram, die 1878 bis zur Maiffredygasse und ab 1888 bis zum Hilmteich führte. Seit 1900 war diese Linie elektrifiziert. Im November 1941 verkehrte erstmals die Linie 1 vom Hauptbahnhof nach Mariatrost. Seit 1990 führt der Streckenverlauf des 1er 11,2 Kilometer lang vom UKH Eggenberg nach Mariatrost. Die Wagen der Roten Tramway wurden 1941 in das damals deutsch besetzte polnische Lodz (Lodsch/Litzmannstadt) verkauft.

Demnächst nach St. Radegund?

Die privat geführte Straßenbahn zum Fuß der barocken Wallfahrtskirche Mariatrost in der Gemeinde Fölling (erst 1930: Gemeinde Mariatrost) hatte 1898 folgende Stationen: Zinzendorfgasse, Halbärthgasse, Hartenaugasse, Hilmteich, Hilmteich-Linienamt (Mautamt, Ecke Schönbrunngasse), Mariagrün, Kroisbach, St. Johann, Rettenbach, Teichhof und Maria Trost. Zeitweise gab es auch eine Bedarfshaltestelle Krafft-Ebing- Straße. Die 5,2 Kilometer lange Strecke wurde 1898 in 28 Minuten bewältigt. Seit der Eröffnung gab es Weiterführungspläne. Man wollte die Strecke nach Nordosten bis nach St. Radegund und mit einer Zahnradbahn auf den Schöckl verlängern. Andere phantasierten sogar von der Verlängerung nach Weiz oder gar über den Fröschnitzsattel nach Steinhaus am Semmering und damit zur Südbahn. Für Graz wäre ein anderer Entwicklungsplan spannend, aber auch skurril gewesen. Die Mariatroster Tramlinie hätte laut Planung durch das Burgtor in den I. Bezirk fahren und zur GTG dort ein Konkurrenznetz betreiben sollen.

Vor der Remise und dem Betriebsgebäude wurden hier Schaffnerinnen aufgenommen, die im Ersten Weltkrieg die Schaffner ersetzten.

Straßenbahnen machen städtisch

Wichtig für die Stadtentwicklung waren die Verlängerungen der Straßenbahnlinien über die Grenze von Alt-Graz (Bezirke I bis VI), so 1898 nach Mariatrost, 1900 Puntigam und Eggenberg, 1901 Gösting und Wetzelsdorf, 1903 Andritz, 1906 St. Peter und 1925 bis zur Grenze nach Liebenau. Die frühe Entwicklung der Villen und Landhäuser im Ostteil des heutigen Bezirks Mariatrost hängt mit der Roten Tramway zusammen. Charakteristisch war, dass es eine Zeit lang eine Theatertram nach Ende der Aufführungen in der Stadtmitte gab. Typisch war aber auch, dass es der ländlichen Tradition folgend für einzelne Villen bzw. ihre durchaus urbanen Besitzer Vulgonamen gab, so wurde das Haus von Dr. Hubert Kielhauser „Jägerhorn" genannt. Das Adressbuch der Ortsgemeinde Fölling (1901) des Gemeindedieners F. Strobl gibt zur Besitzstruktur interessante Einblicke.

Einst „Sommerfrische auf Schienen"

Wer benutzte nun die Mariatroster Tram? Bauern und Städter aus der Gemeinde, aber auch besonders die Ausflügler und wohl auch ein paar

Wallfahrer. Ziele waren – neben der barocken Wallfahrtskirche – die Platte und die Rettenbachklamm, die von der Haltestelle Rettenbach erwandert wurde. Am Mariatroster Waldweg (Roseggerweg) gab es neben dem „Häuserl im Wald" die „Waldesruhe", den besungenen „Waldhof" und das „Café im Wald" als Gaststätten. In Mariagrün bestand lange das Restaurant Zur elektrischen Bahn, kürzer existierte bei der Endstation das Restaurant Zur elektrischen Zentrale. Studenten und Schüler an Wandertagen waren oft Passagiere der „Elektrischen". Diese hatte während des Ersten Weltkriegs Schaffnerinnen, vor- und nachher gab es Kondukteure, also Schaffner. Bis 1938 wurde unter verschiedenen Titeln an der Stadtgrenze von städtischen Mautnern Maut für Waren

Elektrische Bahn Graz–Maria Trost auf einer Postkarte des Jahres 1899.

kassiert. Bis 1904 wurde der Betriebsstrom in einem Kraftwerk bei der Endstation erzeugt. Offene Güterwagen beförderten dafür auf den Gleisen die Kohle nach Mariatrost. Während es aus Platzgründen in der Zinzendorfgasse nur ein Wendegleis gab, entstand in Mariatrost 1929 eine Wendeschleife.

1971 wurde das Grazer Tramway-Museum durch DI Erwin Franz gegründet, seit 1983 hat es den Standort Mariatrost. In der Remise der Roten Tramway, die in den 70er-Jahren auch eine Reithalle gewesen war, stehen nun die Oldtimer des urbanen Schienenverkehrs.

Die Fahrtstrecke durch das Mariatroster Tal gilt als die schönste im Grazer Liniennetz. Irgendwer prägte das Schlagwort von der „Sommerfrische auf Rädern". Allerdings ist die Attraktivität der Reise mit ihrem Naturbezug nun durch die vielen Neubauten deutlich reduziert.

Ringsrum im 2er

Jeder meines Jahrgangs wusste, was damit gemeint war. Nun sollen es auch die Jüngeren erfahren. Die Straßenbahnlinie 2 umrundete jahrzehntelang unter Einschluss des Bahnhofs die Stadtmitte.

Tapfer widerstand der 2er bis 1971 dem Verkehr auf der Glacisstraße.

Das 19. Jahrhundert war voll der Erneuerungen für den Verkehr. Nun gab es die Eisenbahn, das Dampfschiff, das Fahrrad und die Anfänge des Automobilbaus. An der Wende vom 19. zum 20. Jahrhundert wurde sogar der Traum vom Fliegen schwerer als Luft realisiert.

Technischer Fortschritt und der Wunsch nach besserer und billigerer Beförderung für viele gaben dem öffentlichen Verkehr Fortschritt. Die Postkutsche wurde in der Stadt zur „Omnibus-Kutsche" (verschiedene, einander unbekannte Personen fuhren gemeinsam zu einem Ziel) und zum Fiaker. Ab 1878 gab es in Graz die gleisabhängige Pferdetramway. Real und verbal folgte der Tram(way) die „Elektrische", verdeutscht die

Holzklasse als Standard: das Innenleben der alten Ringlinie und ihr Linienschild.

Straßenbahn und nun in Kindersprache die Bim. Ab 1879 konnte man mit der Ein-PS-Tram von der Rechbauerstraße kommend bis zum Geidorfplatz fahren.

Die bürgerliche Linie

Öffentlicher Verkehr wurde im neuen Graz des späten 19. Jahrhunderts wichtig, veränderte interpersonelle Kommunikation, bestimmte den Arbeitsplatz und den Konsum. So brachte der 2er die Bewohner des innerstädtischen Teils des Bezirks Geidorf bequem und schnell in die Stadtmitte. Auch der damals wichtige (Süd-)Bahnhof war so gut erreichbar. Wer wollte oder musste, konnte vielfach zu anderen Linien umsteigen. Feinspitze behaupteten, dass sie allein des Geruchs wegen den 2er und den 3er, die sich am Lendplatz kreuzten, unterscheiden könnten. Bis 1939 konnte man bei der Zinzendorfgasse zur „Roten", der Mariatroster-Tram, wechseln und damit zur Universität und über die Schubertstraße zum Hilmteich und dann weiter über die alte Stadtgrenze in den Nordosten kommen.

Wagenführer und Kondukteur

In der Dienstinstruktion 1899 der Grazer Tramway Gesellschaft (GTG) wird auf die neun Feuermelder und 16 Telefone entlang der Ringlinie hingewiesen. Die teilweise offenen Waggons waren, insbesondere im Winter, eine schwere Belastung für Wagenführer und Schaffner (Kondukteur). Dazu passt über Jahrzehnte die Vorschrift, dass der Schaffner sich in der Regel auf dem „hinteren Perron" aufzuhalten habe. Die viel spätere Wagenaufschrift „Schaffnerlos" war einst das ernste „Schaffner-Los". Später hatte der Schaffner einen etwas erhöhten Sitz im Wageninneren. Dieser wurde bei der Endstation übersiedelt und enthielt in seinem Inneren die Fahrordnung. Aber meist war der Schaffner im Wagen unterwegs, klopfte mit der Zwickzange für die Fahrscheine auf die inneren Schiebetüren und versuchte, nicht immer erfolgreich, Schwarzfahrten zu verhindern.

Ein langer Lederriemen führte zur Signalglocke. Groß war für Jugendliche die Versuchung, auch einmal läuten zu können. Bei den meist offenen Einstiegen war es auch verlockend, auf- und abzuspringen oder zumindest schick am Trittbrett zu stehen. In den 1960ern fuhren dann auch auf der 2er-Linie moderne geschlossene Wagen. Was damals als Fortschritt bewundert wurde, ist heute schon längst verschrottet oder steht in Mariatrost im Tramway-Museum. Stolz wird von Alt-Grazern im Internet berichtet, dass sie einst Fahrgäste des 2er gewesen seien.

Die Ringlinie 2 im Linksverkehr am Murplatz (Südtirolerplatz).

Vom Weiß-Rot-Weiß zum 2er

Blenden wir zurück zum Geburtstag der 2er-Linie am 24. August 1899. Damals war die Elektrifizierung abgeschlossen. Nun gab es die „Elektrische" vom Bahnhof über die Stadtmitte und um den Schloßberg und über die Keplerstraße bis wieder zum (Süd-)Bahnhof. 31 Wagen wurden damals von der elektrischen Zentrale abgelassen, zehn davon für die neue Ringlinie. Dr. Schuster, der Rechtskonsulent der Grazer Tramway Gesellschaft, sprach einige positiv erbauliche Worte und verteilte an „Wagenführer und Conducteure" Blumensträußchen in den Erkennungsfarben der Linien, die auch für Analphabeten erkennbar sein sollten. Die Ringlinie zeigte eine Scheibe in Weiß mit rotem Querstrich.

1911 gab es dann die nummerierten Tramlinien, für den Ringwagen wurde es der 2er. Das konservative „Grazer Volksblatt" betonte 1899, dass die „Elektrische" ein wirklicher Fortschritt sei, trotz aller „Krähwinkliaden und Auswüchse politischer und nationaler Einseitigkeit". Unschwer lässt sich daraus schließen, dass das Projekt der Elektrifizierung politisch umstritten war. Gleichzeitig gab es 1899 eine „Gehordnung" für die Murgasse und die anschließende Brücke, die besagte, dass man die rechte

Seite benutzen sollte. Die Tramway fuhr bis 1938 ordnungsgemäß im Linksverkehr.

Vom Rekord zur Stilllegung

Die Linie hatte eine Streckenlänge von sechs Kilometern, und eine Rundfahrt dauerte rund 30 Minuten. 1948 beförderte der 2er stolze 6,2 Millionen Passagiere. Der Erlös, gemessen in Schilling pro Wagenkilometer, war damals rekordreif. Aber: Der motorisierte Individualverkehr dominierte nun, man wollte die Hauptstraßen ohne Schienenverkehr, und es gab auch statische Probleme mit der alten und auch mit der neuen Keplerbrücke. So wurde der 2er trotz des Namens Ringlinie ab 1962 schrittweise stillgelegt. 1971 schloss man diese Entwicklung ab, und so endete der 2er zuletzt mit der Anzeige „Wormgasse".

So ganz richtig war die Bezeichnung „Ringlinie" nicht immer. Spätestens ab dem Jahr 1953 wendeten die von der Annenstraße und von der Keplerstraße kommenden Wagen getrennt. Auch nach 1971 herrscht eine gewisse 2er- und Ringlinien-Nostalgie – Wünsche, Pläne und Phantasien reichen von der Wiedererrichtung bis hin zu neuen Streckenführungen.

Zuletzt hieß die Endstation „Wormgasse". Am 16. Jänner 1971 wurde die Linie 2 „Wormgasse–Jakominiplatz–Hauptbahnhof" eingestellt.

Die Krankenhausstadt – wie sie entstand

Unser Grazer Landeskrankenhaus (LKH) war bei seiner Errichtung um 1900 ein Pionierprojekt großen Umfangs. Seither wurde viel aus-, um- und neugebaut. Noch immer aber dominiert neben allen Erneuerungen das Grundkonzept der Entstehungszeit. Wie war das damals?

Stolz präsentiert sich das neue Krankenhaus um 1912 aus der Vogelperspektive in einer Grafik.

Vom Ende des 18. Jahrhunderts bis 1912 befand sich das Allgemeine Landeskrankenhaus im Haus Paulustorgasse 8 samt etlichen Nachbar- und Nebengebäuden. Zusätzlich gab es um 1900 in Graz noch einige andere Krankenhäuser. Die wichtigsten davon wurden von geistlichen Orden geführt (Barmherzige Brüder, Elisabethinen, Kreuzschwestern). Erwähnenswert sind auch das Städtische Kranken- und Siechenhaus (Armenhausgasse, heute Albert-Schweitzer-Gasse) und die Irrenanstalt Feldhof des Landes. Andere Spitäler waren damals beispielsweise das k. u. k. Garnisonsspital (Karmeliterplatz 3), das Priester-Spital (Kirchengasse

Operationssaal mit einer Ordensschwester in der Pionierzeit des LKH.

6), das Inquisiten-Spital (Jakominigasse, nun Conrad-von-Hötzendorf-Straße) und das Anna-Kinderspital (Mozartgasse). All das war jedoch zu wenig für die schnell wachsende Stadt und überdies größtenteils nicht mehr dem zeitgenössischen medizinischen Standard entsprechend.

Ein neues, großes und modernes Allgemeines Krankenhaus wurde als notwendig erkannt. Die Diskussion darüber begann 1885, der Beschluss zum Bau durch den Landtag erfolgte 1888, das Grundstück wurde 1890 erworben, 1904 begann der Bau, und erst 1912 wurde schließlich der Neubau bezogen. In den 27 Jahren zwischen den grundsätzlichen Überlegungen und der wirklichen Inbetriebnahme lagen außer Phasen des Baufortschritts viele Diskussionen, Streit, Stillstand und Planungsänderungen. Besonders die Standortwahl wurde zum Streitpunkt. 1897 gab es eine Versammlung der Platzwahlgegner in der Industriehalle. Sogar die mögliche Verpestung der Luft im Leechwald durch Jod wurde in die Diskussion eingebracht.

Schließlich einigte man sich doch auf den Ostrand der damaligen Stadtgrenze, nahe der Kirche und des Friedhofs St. Leonhard. Am Hang nördlich der Kirche, unmittelbar an der Ausfahrtsstraße in Richtung Ries und Ragnitz, stand ein massives altes Gebäude, das einst auch Mauthaus gewesen war. Dieses, der Dornspergerhof, samt umliegendem Grund gehörte der Familie der Grafen Schönborn. Das Gebäude und rund 60 Hektar Freifläche bis tief in den Leechwald hinein wurden für den Neubau und ein Erholungsgelände erworben.

Das neue Krankenhaus wurde ähnlich dezentralisiert nach dem Pavillonsystem geplant, wie auch die neuen Universitätsgebäude am Leechfeld baulich in Fachbereiche unterteilt waren. Dass die Baustelle, ja sogar einige Gebäudeteile, die Stadtgrenze (Graz-Kainbach) überschreiten durfte, zeigte die baurechtliche Bedeutung des Projekts. Die Stadtgrenze wurde korrigiert.

Die Anstaltskirche zum Heiligsten Erlöser.   Die typische Anlage eines medizinischen Hörsaals, hier jener für die Chirurgische Klinik des Landeskrankenhauses, um 1930.

Groß! Zu groß?

Wichtig für das Projekt LKH war dessen selbstständiges Funktionieren. Dazu gehörten eine eigene Wasser- und Stromversorgung, eine Wäscherei, Heizung, Werkstätten, Küche, Gärtnerei und Apotheke. Das Wasser wurde aus Stattegg ins LKH geleitet. Da man um 1900 noch große Seuchen befürchtete, wurde räumlich auch dies eingeplant. Ein Farbleitsystem sollte die Orientierung verbessern und auch Fremdsprachigen und Analphabeten dienen. Kilometerlange Gänge verbinden unterirdisch die Gebäude. Schon seit 1899 fuhr eine Linie der elektrischen Tramway – der spätere 7er – bis zum neuen Mauthaus St. Leonhard. Ab 1912 gab es eine Haltestelle fürs LKH. In der Anfangszeit schwankte die Bettenzahl zwischen 1600 und über 2000. Das war eine rekordverdächtige Größe an der Grenze der Administrierbarkeit und medizinischen Sinnfälligkeit. Dem stilistischen Zeitgeist entsprechend sind trotz aller Änderungen noch heute Elemente des Jugendstils und der Secession zu erkennen. Das Standardwerk (N. Weiss: Im Zeichen von Panther und Schlange) zu den Landeskrankenhäusern der Steiermark erschien 2006. Der kompakte LKH-Graz-Führer (A. Wentner und N. Weiss) ist 2016 herausgekommen.

Flügelhauben und Doppelwendeltreppe

1921 übersiedelte die Ausbildung für die Krankenpflege aufs LKH-Gelände. Die Krankenpflege war von Anfang an Aufgabe der Barmherzigen Schwestern. Ihre vorkonziliare Ordenstracht mit den großen Flügelhauben

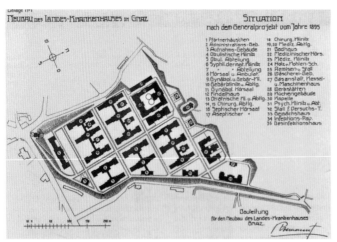

Hier der Orientierungsplan für das neue Allgemeine Krankenhaus (Landeskrankenhaus) aus dem Jahr 1895. Ganz links stand das Pförtnerhaus, heute eine Bankfiliale.

gehörte über Jahrzehnte zum Bild des LKH. Das ehemalige Pförtnerhaus an der Ecke Riesstraße und Hilmteichstraße zeigt eine planerische Besonderheit: Als moderne Variante der berühmten Doppelwendeltreppe in der Burg weist das Haus eine neuzeitliche Kopie davon auf.

Wer waren Rosmann und Auenbrugger?

Die Entwürfe und die Bauleitung fürs neue LKH übernahm der Landesbaudirektor der Steiermark, Adolf Rosmann (1847–1911). Nach ihm ist seit 1948 die Roß(!)manngasse im Stiftingtal benannt. Wie weit sein Selbstmord mit den Problemen und der Kritik an der Großbaustelle zusammenhängt, kann nicht geklärt werden.

Für das Gelände des LKH wurde erst 1948 ein eigener Name gefunden: Auenbruggerplatz. Leopold von Auenbrugger (1722 Graz – 1809 Wien) wurde im Schwarzmohrenwirtshaus an der Ecke Südtirolerplatz zur Griesgasse als Sohn des Wirtes geboren. Der studierte Arzt war unter anderem Hofarzt von Kaiserin Maria Theresia und erfand die Perkussion als Diagnosetechnik. Man versteht darunter das Abklopfen des Oberkörpers, um durch den reflektierten Ton Rückschlüsse auf den Gesundheitszustand zu ziehen. Fast wäre seine Entdeckung aus dem Jahr 1761 in Vergessenheit geraten. Die deutsche Fassung seiner Arbeit erschien erst 1843.

Das LKH liegt nicht, wie oft geglaubt wird, in St. Leonhard, sondern im Bezirk Geidorf. Zum Schluss muss noch darauf hingewiesen werden, dass in den letzten Jahren viel erneuert und neu gebaut wurde. Die neue Nachbarschaft des LKH-Universitätsklinikums Graz zum Campus der Medizinischen Universität kennzeichnet nun die Krankenhausstadt.

Baugeschichte des Ungebauten

Gebäude kommen und gehen meist irgendwann wieder. Viel wird geplant und dann doch nicht realisiert. Was wäre, wenn es zustande gekommen wäre? Hier einige Beispiele, die zu einem anderen Graz geführt hätten.

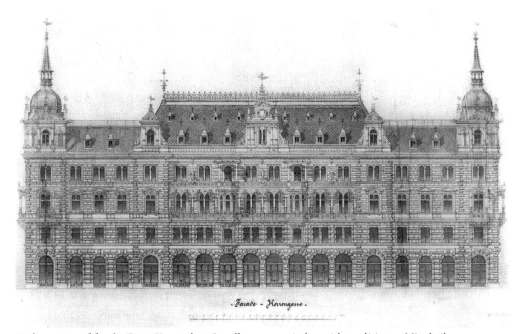

Rathausentwurf für die Front Hauptplatz-Landhausgasse mit dem nicht realisierten Mittelteil.

Das erste Rathaus am Hauptplatz, ein Renaissancebau, dem die Kunstgeschichte Ähnlichkeit mit dem Landhaus zuspricht, entstand um 1550 und wurde 1803 abgebrochen. Der folgende Rathausbau mit klassizistischen Gestaltungsformen, ein Entwurf von Christoph Stadler, existierte nur knapp 80 Jahre, er wurde 1886 demoliert. Nun folgte der uns bekannte Neubau, unser Rathaus. Entworfen wurde es von Alexander von Wielemans und Theodor Reuter. 1893 fertiggestellt, signalisiert der Monumentalbau nun das neue, stolze und große Graz um die Jahrhundertwende. Geplant war ein von vier Seiten geschlossener Gebäudekomplex. Daraus wurde nichts. Drei selbstbewusste Hauseigentümer in der Herrengasse (Nr. 4: Franz Zürngast, Nr. 6: Franz Stocklasa, Nr. 8: Alois Aßmann) weigerten sich, ihre Altstadthäuser der Gemeinde zu verkaufen. Nr. 4

Projekt des Matthias Seidl: historistische Überbauung des Schloßbergs.

wurde zwar dann 1892 von der Stadt erworben, aber für den Neubau war das schon zu spät. Es brauchte rund 100 Jahre, bis die Stadtgemeinde diese drei Häuser in Raten erwerben und in die Rathausbürokratie integrieren konnte. So blieb die Herrengassenfront des Rathauses, durchaus zu Ehren der Altstadt, unvollendet. Die drei Altstadthäuser reichen mit ihren Bauparzellen tief in den Rathausblock hinein. Anhand einer relativ unbekannten Ansicht kann nun gezeigt werden, wie das Rathaus zwischen Landhausgasse und Hauptplatz ohne die Altbauten hätte aussehen sollen.

Schloßberg alt – Schloßberg neu

Der Schloßberg wurde erst im 19. Jahrhundert rechtlich ein Objekt städtischer Planung, zuvor war er Eigentum des Landesfürsten und der Landstände. Zumindest zweimal kam es seither nicht zu einer zwar geplanten, aber eben nicht realisierten grundlegenden baulichen Veränderung des Schloßbergs. Es soll aber auch nicht vergessen werden, dass schon die Demolierung der Festungsbauten im Jahr 1809 durch die französischen Truppen den Grazer Stadtberg gründlich umgestaltete. In den frühen 1890er-Jahren stellte Matthias Seidl das Projekt vor, den Berg im Stil des Historismus neu zu gestalten. Der Projektentwickler und Finanzier Max Kleinoscheg drängte auf die Realisierung. Anfangs war auch sein Freund Peter Rosegger ein Förderer des Plans. Betrachtet und beurteilt man den romantisch bis kitschigen Entwurf, kann man sagen, dass wir durch die Nichtrealisierung noch einmal glücklich davongekommen sind. 1942/43 gab es im Zeitgeist ein Schloßbergprojekt, das unseren Symbolberg und Namensgeber als Geschichtsdenkmal ruiniert hätte. Der durch das Projekt für die VW-Stadt Wolfsburg zu Bekanntheit und Anerkennung gekommene Stadtplaner Peter Koller entwarf einen „Schloßberg-Neu". Im Lazarett skizzierte er einen mächtigen Führersaal und einen riesigen Südostturm. So wie seine Zeichnung demonstriert, ist der Uhrturm (rechts seitlich) nur ein Zwerg im Vergleich zu den Neubauten.

Die Häuser Herrengasse 2, 4 und 6, die sich dem Rathausneubau entzogen.

Zwei Plätze oder nur einer

Am Südende der Herrengasse, vor dem Eisernen Tor, gibt es einen Platz, der schon mehrere Namen trug. Es war der Eisenthorplatz, der Auerspergplatz, der Bismarckplatz und nun ist es der Platz Am Eisernen Tor. Südlich davon, jenseits der Stadtbefestigung, wurde nach den Vorstellungen von Caspar Andreas von Jacomini Ende des 18. Jahrhunderts ein Platz mit acht Straßenanschlüssen realisiert. Dazwischen gab und gibt es eine bescheidene Häuserfront, die Alt-Grazer mit dem ehemaligen Textilhaus Scheiner verbinden. Das ist die Grundkonstruktion, die zwei Entwicklungen möglich macht. Einerseits wollte man in den 1920er-Jahren die beiden Plätze miteinander verbinden, also die trennenden Bauten abreißen. Die hl. Maria sollte von ihrer Säule bei ihrer Neuaufstellung 1928 nach Süden schauen. Eine andere Möglichkeit war die finale und

Peter Koller entwarf 1942 ganz im Zeitgeist einen „Schloßberg-Neu" mit Führersaal und Südostturm. Ganz rechts seitlich der Uhrturm.

1930 sollte dieses Hochhaus den Bismarckplatz (Am Eisernen Tor) und den Jakominiplatz endgültig trennen.

demonstrative Trennung der beiden Plätze durch einen monumentalen Neubau. Der Grazer Gemeinderat stimmte 1930 für die zweite Lösung und beschloss, hier statt der Stadtgrabenhäuser ein damals modisches Hochhaus errichten zu lassen. Stufig abgesetzt hätte es in der Mitte zwölf Geschoße besessen. Wir danken es den finanziellen Problemen jener Zeit, dass uns dieser Bau erspart blieb.

Die Marienstadt findet nicht statt

Zu einer Zeit, in der das Wegräumen des Bombenschutts propagiert wurde, trat 1947 die Stadtbaudirektion, vertreten durch die Architekten Gallowitsch, Bleich und Ehrenberger, mit dem Projekt „Marienstadt" an die Öffentlichkeit. Im mittleren Teil des Bezirks Lend sollten die meisten Bauten abgebrochen und durch Neubauten ersetzt werden. Das betraf den Raum zwischen Keplerstraße, Bahnhofgürtel, Kalvariengürtel und Lendkai. Es kann angenommen werden, dass die neuen Gebäude zur Zeit des mühevollen Wiederaufbaus bestenfalls die Qualität der Bauobjekte des Wiederaufbaufonds gehabt hätten. Aber es kam ohnedies nicht zur Realisierung der „Marienstadt".

Als für den Bau der Unterführung Marburger Kai–Murgasse 1965/66 der nördliche Teil des Kälbernen Viertels auf der Murseite abgerissen wurde, war ein Argument, dass so der Blick zur Franziskanerkirche geöffnet werde. Kaum waren die Häuser Neutorgasse 2–12 entfernt, kam der Vorschlag, dass man den nun entstandenen Kapistran-Pieller-Platz doch mit modernen Neubauten wieder schließen könnte. Es war den Medien und Aktivbürgern zu verdanken, dass uns diese Bausünde erspart blieb. Auch das Projekt, das östliche Murufer im Bereich der Altstadt für Parkplätze zu überbauen, blieb ein Vorschlag. So blieb, zumindest bisher, auch der Andreas-Hofer-Platz zwar ein Ort der baulichen Begehrlichkeit, aber nicht in Standardmanier flächendeckend verbaut. Neubauten sind sicher notwendig, das Wie und Wo ist jedoch diskutierenswert.

Frühe Werbung

Wichtige Werbeträger waren schon um 1900 die Zeitungen und Zeitschriften. Theaterprogramme, Kalender, Adress- und Telefonbücher und vieles mehr hatten Werbeanzeigen. Wie heute wurde der Kunde auch einst auf vielfache Weise umworben.

Klassische Kurzwaren und vieles mehr gab es über Jahrzehnte beim „Rebus" (lat. mit den Sachen), Herrengasse 21.

„Für die Besten nur das Beste!" Das sozial, politisch und wirtschaftlich bedeutsam gewordene neue Bürgertum des späten 19. Jahrhunderts konnte sich teure und spezialisierte Waren leisten. Dementsprechend veränderten sich das Angebot und die Geschäftswelt. Parallel dazu gab es nun mehr und auch neue Formen der Werbung. Die Konkurrenz der Anbieter und der Wunsch, als Käufer umworben zu werden, beflügelten die Werbung. Aus den grafisch aufwendig gestalteten Briefköpfen Privater und von Firmen entwickelten sich die Ansichtskarte und Werbematerial in

Um 1900 war die Herrengasse zu einer noblen und modischen Einkaufsstraße gewachsen.

handlichem Format. Um das Ende des 19. Jahrhunderts gab es in der Drucktechnik große Fortschritte, die sofort in der Praxis genutzt wurden. Eine führende Rolle spielte in Graz dabei die Senefelder Druckerei (Annenstraße 35). Im Druckergewerbe unterschied man Akzidenzdruck, Buchdruck und lithographische Anstalten. Erstere wie etwa die Druckerei Austria (Agath, Sackstraße 16) war für Einzeldruckaufträge, insbesondere für Werbung, zuständig. Die Firmen für Buch- und Kunstdruck druckten zwar ebenfalls Gelegenheitsaufträge, waren aber auch auf größere Druckwerke spezialisiert. Hier ist z. B. Styria oder Gutenberg (beide Schönaugasse 64) zu erwähnen. Ähnliches, teilweise mit anderer Drucktechnik, wurde bei Graphia (Bürgergasse 14), Leykam (Stempfergasse 7) oder Matthey (Merangasse 70) hergestellt.

Schöne glänzende Werbewelt

Auch wenn mitunter das hohe Alter eines Geschäfts bzw. einer Firma der historisch-kritischen Prüfung nicht standhält, das ehrfürchtiges Erstaunen hervorrufende Gründungsjahr wirkt in der Werbung immer. In Grazer Adressbüchern der 1930er-Jahre kann man auf den Annoncenseiten lesen: Hirschen-Apotheke (Sporgasse 10): vor 1566, Buchhandlung Leuschner & Lubensky (Sporgasse 11): gegründet vor 1630, und Strohmayer Hausbrote (Karlauerplatz 10) wirbt mit dem Gründungsjahr 1733. Eine Apotheke warb seitengroß für Harnuntersuchungen, ein Steinmetzmeister und Hoflieferant für Grabsteine. Geschäfte und besonders große Kaufhäuser leisteten sich um 1900 eine aufwendige Fassadengestaltung. Für den Bau von Kastner & Öhler wurde das für Theaterbauten international anerkannte Architektenteam Fellner & Helmer bemüht, das Textilhaus Kraft (Ecke Opernring, Jakominiplatz und Gleisdorfergasse) ließ sein Haus in einer dekorativen Form des Jugendstils gestalten. Ebenso im

Jugendstil versuchte das Stadtgeschäft der Parfümerie- und Seifenfabrik Kielhauser (Sporgasse 3) zu imponieren. Aushänger, Tafeln mit Firmennamen und Kaufankündigungen quer vom Geschäft zur Straße konkurrierten sich gegenseitig in ihrer aufdringlichen Größe und Zahl. Die Sporgasse wurde zum negativen Demonstrationsbeispiel. Friseure zeigten eine Scheibe, welche die Barbierschüssel symbolisierte, Maler drei farbige Wappen, Tischler einen Hobel. Kaum gab es elektrisches Licht, schon strahlten die Auslagen. Kaum gab es Kinos, gleich zeigte man dort Werbung, meist als Einblendung einer Art Diapositiv. All das spielte sich vorerst bevorzugt auf der Bühne der Stadtmitte ab, besonders in der Herrengasse, der Sporgasse und auf

Unter der Devise „Besuch des Warenhauses sehr lohnend – Kein Kaufzwang" warb um 1900 das Modekaufhaus Ruderer an der Ecke Opernring und Jakominiplatz.

dem Hauptplatz. Zum perfekten Angebot gehörte auch der richtige Firmenname. Wie nobel war es z. B., seine Toilettenartikel im „Zur Stadt Paris" (Herrengasse 24) zu kaufen. Im fernen Eggenberg versprach die Pension Waldfrieden beschauliche Ruhe. Niemand bezweifelte, was der Schürzen-Schubert (Raubergasse 3) im Angebot hatte. „Zum Indianer" (Herrengasse 28) und Gummi-Neger (Annenstraße 20) warben mit dem Namen ferner exotischer Völker für ihre Gummiwaren.

Werbung wird zur Propaganda

Wenn sich Private so prächtig darstellten, konnte die Öffentlichkeit nicht fehlen. Stadt, Kronland und der österreichisch-ungarische Staat zeigten einst gerne ihre Präsenz. Da es längst keinen politischen Konsens mehr gab, wurde dieser wenigstens vorgetäuscht. Fahnen, Wappen,

Die Werbung für das Kaffeegeschäft „3 Mohren" (F. Vogl, Neutorgasse 46, Ecke Kaiserfeldgasse) zeigt Klischees um 1900, aber auch eine Musterküche dieser Zeit.

Umzüge und nationalistische Feste sollten patriotische Einigkeit darstellen. Der Erste Weltkrieg war neben allen Schrecken und Gräueln auch ein Krieg der Werbung. Mit allen damals möglichen Mitteln, meist waren es Druckwerke, warb man für die eigene Position und versuchte, den Feind abzuwerten oder zumindest lächerlich zu machen.

Vordergründig lustige Ansichtskarten wie jene von Fritz Schönpflug (1873–1951) zeigten im Zeitgeist bissigen Humor und wurden zu Sammelobjekten. Bis hin zu einer Kriegsgräberausstellung in der Grazer Industriehalle und zur Werbung für die Kriegsanleihen gab es anlassgebundene patriotische Propaganda. Alles das, was in der Werbebranche um 1900 in einer ersten Intensivphase begonnen hatte, blieb, verstärkte sich in neuen Formen und ist auch heute ein Teil unseres Alltags.

Gegen 1930 projizierte Fritz Muchitsch Werbefilme vom Hotel Wiesler über die Mur in Richtung Marburger Kai und Kälbernes Viertel.

Tradition verpflichtet(e)!

Ingrid Haslinger nannte 1996 ihr Buch über die ehemaligen k. u. k. Hoflieferanten „Kunde: Kaiser" und fasste damit kurz zusammen, was kaiserliche Erlässe und die „Handbücher des allerhöchsten Hofes und des Hofstaates seiner k. u. k. apostolischen Majestät" dokumentierten. Das Zentrum der als Hoflieferanten Ausgezeichneten war selbstverständlich Wien. Hier soll nun der Standort Graz dargestellt werden.

Der Hoftischler Anton Irschik gestaltete das Portal für den Hofbäcker Franz Tax (-Edegger).

Eine rangmäßige Steigerung des Titels eines Hoflieferanten war der (Hof-) Kammerlieferant. Diese waren fast alle in Wien ansässig, in Graz gab es keine. Tiefer in der Rangordnung der Titel standen die k. u. k. privilegierten Firmen und Unternehmen. Sie waren auch in Graz zahlreich vertreten und durften auch den Doppeladler führen, aber sie waren eben keine Hoflieferanten. Erst 1889 wurde das seit 22 Jahren rechtlich fixierte k. u. k dem Hoftitel vorangestellt. Zuvor gab es das bekannte k. k. (kaiserlich-königlich). So ganz funktionierte die Unterscheidung aber nicht. Firmen, die auf das Alter der Titelverleihung hinweisen wollten, blieben

Thonöfen Wudia (Griesgasse 18) warb links oben mit dem Hoftitel.

auch im frühen 20. Jahrhundert beim k. k. im Namen. Der Import für Waren des Hofes war steuerfrei. Auch für ausländische Firmen gab es den k. u. k Hoflieferantentitel, so für fast ein Dutzend Champagnerhersteller aus Frankreich oder für Tiffany in New York.

Der einst hervorragende Titel wurde meist an eine konkrete Person verliehen. Wie weit er „vererbt" werden konnte, unterlag einer neuerlichen Bewertung von Person und Betrieb. Durch Tod und Betriebsaufgabe herrschte ein Kommen und Gehen der so Geehrten. Einerseits war es eine große Ehre, zum erlesenen Kreis der Hoflieferanten zu gehören. Andererseits kostete diese Ehre aber auch viel Geld. Für den Doppeladler über dem Firmenportal und auf dem Briefpapier sowie den Rechnungen musste nämlich eine Hoftiteltaxe bezahlt werden.

Die Zahl der Hoflieferanten nahm gegen Ende der österreichisch-ungarischen Monarchie inflationär zu. Außerhalb von Wien und Budapest gab es im Jahr 1883 151 einschlägig Prämierte. 1918 waren es 451, wenig mehr als fünf Prozent davon in Graz. Auch im übrigen Kronland Steiermark gab es einige Hoflieferanten. So die Weinhändler Karl und Julius Pfriemer und den Fleischermeister Hermann Wögerer in Marburg, die Hoffotografin (!) Fanny Weighard in Leoben und Johann Schneeberger in Neuberg als Hof-Lohnkutscher.

Titel verloren – Nostalgie bleibt

Mit dem Ende der Monarchie 1918 gab es keinen Hof mehr und auch keine Hoflieferanten. Die Mehrheit der seinerzeit auf diese Weise in Person ihrer Unternehmer prämierten Firmen existiert heute nicht mehr.

Einige Traditionsbetriebe sind über Generationen bis in die Gegenwart erhalten geblieben. So Weikhard, Tax-Edegger, Klammerth-Nagl, Grein, Fünck, Mauerhofer und Fiedler. Einige der Traditionsfirmen haben ihren Standort, ihr Angebot und auch ihren Namen geändert.

Insgesamt sind viele der einst gut eingeführten Familienbetriebe in Graz, so beispielsweise in der Gunstzone Innere Stadt, verloren gegangen. Oft waren und sind es internationale Unternehmen, die nun je nach Wirtschaftslage kommen und gehen.

Hut-Pichler an der Ecke Grieskai und Igelgasse zeigte seinen Hoflieferantentitel unübersehbar.

Doppeladler wird Adler und Panther

Heutzutage wäre es irgendwie eigenartig, würden Firmen als Lieferanten für den Bundespräsidenten oder den Bundeskanzler für sich werben. Allerdings ist für Firmen die Auszeichnung, das Staatswappen oder ein Landeswappen führen zu können, nicht sehr weit vom Doppeladlersymbol entfernt. Heute kann jeder von uns, allerdings ohne Wappenverleihung und Gebühreneinnahmen, seine persönlichen (Hof-)Lieferanten ernennen. Wir haben ja alle unsere Lieblingsgeschäfte, Firmen und Unternehmen. Bestimmte Lokale und Handwerker werden von uns bevorzugt. Wie schön, dort persönlich bekannt zu sein und womöglich irgendwelche, wahrscheinlich relativ geringe Vorteile zu besitzen. Meine „Hoflieferanten" sind: ...

Stolz weist sich Anton Weikhard im Adressbuch als k. u. k. Hofuhrmacher aus.

Hoflieferanten

- Bachner Gustav, Hofjuwelier, Goldarbeiten, Murgasse 2
- Bude Leopold, Photograph, Alleegasse (Girardigasse) 6–8
- Eckert Albert, Tee- u. Rumhändler, Alte Poststraße 124
- Elsner Edmund, Kunstfeuerwerker, Merangasse 2
- Fiedler Albert, Klaviere, Bismarckplatz (Am Eisernen Tor) 2
- Franz Hugo, Steinmetz, Keplerstraße 107
- Fünck Eduard, Likörfabrikant, Eggenberger Allee 43
- Grainer Johann, Hofuhrmacher, Albrechtgasse 3
- Grein Franz, Hof-Steinmetzmeister, Annenstraße 63
- Hanninger Anton, Weinhändler, Hofgasse 8
- Hopferwieser Konrad, Hof-Orgelbauer, Prankergasse 16
- Irschick Anton, Hof-Tischler, Lagergasse 33
- Klammerth Karl (Nagl), Porzellan-Glaswarenhändler, Herrengasse 9
- Kleinoscheg Ludwig und Friedrich, Weinlieferant, Gösting
- Leyer A. C., Parfumerie, Hauptplatz 16
- Mauerhofer Franz, Glas, Jakominiplatz 25
- Mayer Ferdinand, Hofphotograph, Halbärthgasse 14
- Meyerhoff Julius, Buchhandlung Moser, Herrengasse 23
- Oblack Vincenz, Tuchhändler, Murgasse 9
- Pichler Anton, Hutmacher, Karlauerstraße 26
- Pichler Josef, Hutmacher, Körösistraße 7
- Rollet Richard, Tuchhändler, Murgasse 14
- Rotter Josef, Hoflaternenfabrikant, Schmiedgasse 12
- Seisser Adolf, „Zur Stadt London", Herrenmode, Herrengasse 22
- Spreng Fridolin, Zwieback-Bäckerei, Bürgergasse 7
- Tax Franz (Edegger), Hofbäckerei, Hofgasse 6
- Tendler Carl, Kunst-u. Musikalienhändler, Herrengasse 7
- Weikhard Anton, Uhren, Juwelen, Gold- u. Silberwaren, Hauptplatz 13
- Wudia Franz, Thonöfenfabrikant, Griesgasse 18
- Zankl Emil, Anna Labres, Farbenfabrik, Zanklstraße, Büro: Zanklhof

Gestern! Heute! Morgen?

Die Stadt und so auch ihre Geschäftswelt leben, änderten sich und erscheinen wiederum neu organisiert. Manche Geschäfte und Lokale gibt es schon seit Generationen, andere leben höchstens nur mehr in der Erinnerung.

Das Dreigiebelhaus an der Ecke Landhausgasse (rechts) und Andreas-Hofer-Platz (links) – heute steht hier die Zentrale der Steiermärkischen Sparkasse – beherbergte bis in die 60er-Jahre eine Reihe kleiner Geschäfte der traditionellen Nahversorgung.

Geht man durch Graz, ist man oft mit zwei widersprüchlichen Eindrücken konfrontiert. Einerseits sieht man lang vertraute Firmen, Geschäfte und Lokale, andererseits gibt es überraschend viele neue Eindrücke. Die Frage, was denn vorher hier war, ist mitunter gar nicht so leicht zu beantworten. Das Neue wird dann wieder zum Gewohnten.

Ein Beispiel für den wirtschaftlichen Strukturwandel ist die Entwicklung am Hauptplatz und in der Herrengasse. Mit Grazer Familien oder mit einst stadtbekannten Traditionsnamen verbundene Betriebe wurden hier zur Minderheit.

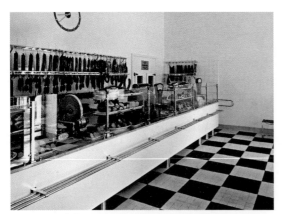

Dort, wo sich heute die Opernapotheke befindet, gab es vor Jahrzehnten das Geschäft eines Fleischhauers im Stil des Art déco.

Verlierer und Gewinner

Die Gunstlagen in manchen Hauptstraßen der Stadt haben heute an Attraktion verloren. Zu den Verlierern gehört die Annenstraße, aber auch die Leonhardstraße. Irgendwo müssen die Konsumenten fehlen, die heute in den neuen großen Einkaufszentren einkaufen. Mit einer steigenden Bevölkerungszahl und einer besseren Wirtschaftslage lässt sich der Erfolg diverser „Citys" allein aber nicht erklären. Allerdings gab es auch eine Verlagerung der Grazer Bevölkerung von den zentralen Bezirken zu jenen, die im äußeren Kreis die Stadtmitte umschließen (Bezirke VII bis XVII). Strukturellen Wandel gab es in Graz immer, und so wird es auch in Zukunft sein.

Der Wandel im Handel

Besonders in der Inneren Stadt veränderte sich das Angebot an Geschäften, Lokalen und Büros. Die Zahl der Lebensmittel-, Drogerie- und Spezereiwarengeschäfte ging beispielsweise zurück. Wer erinnert sich noch an Hornig (Sporgasse), Kostka (Franziskanerplatz), Assmann (Herrengasee) und Kroath (Hauptplatz)? Eine Reihe typisch innerstädtischer Kaffeehäuser existiert nur mehr in der Erinnerung (Herrenhof, Kaiserfeld, Nordstern, Europa). In der Herrengasse gab es beispielsweise das Modehaus Schwarz, Sewera-Stoffe, Philipp Haas, Huber & Lamprecht und den Seiden- und Wollkönig. Niemand kann mehr in der Sporgasse in die Konditorei Strehly gehen oder Filme im Opern- oder im Ringkino sehen. Vor Jahren konnte man noch in den Autosalons der Stadtmitte neue Modelle bewundern, heute erinnern nur mehr einige überbreite Schaufenster daran (Opel-GM Salis & Braunstein, Neutorgasse 44; Mercedes Wittwar, Kaiserfeldgasse 13; BMW-Denzel, Raubergasse 20; Vogl, Hamerlinggasse 8; Ford Reisinger, Kaiserfeldgasse 15).

Der Autosalon von Salis & Braunstein (Neutorgasse 44) zeigte in den 60er-Jahren US-Modelle. Nur die Fassadengestaltung mit der Panoramascheibe zeugt noch davon.

Am Lendplatz gibt es nicht mehr die vielen Pendler, die mit dem Autobus ankamen. So hat sich hier auch die Geschäftswelt verändert. Dort gab es an der Ecke zur Keplerstraße den Krottmayer, einst ein beliebtes Wäschegeschäft. An die Textilhäuser Scheiner (Jakominiplatz 1–4) und Rendi (Joanneumring 5) erinnern nur mehr die Fassaden.

250 Schuster

Blättert man in alten Adressbüchern, so fällt auf, dass es früher viel mehr handwerkliche Betriebe gab. 1960 arbeiteten in Graz über 40 Sattler- und Taschnerbetriebe. Fast 250 Schuhmacher gab es damals. Das hängt auch mit dem Wunsch/der Not zusammen, alte Schuhe reparieren zu lassen und nicht gegen neue zu ersetzen. 1936 arbeiteten in der Marktgemeinde Eggenberg mehr als 30 Schuhmacher. Klassenfotos aus dieser Zeit zeigen viele Kinder, die keine Schuhe tragen. 1960 konnte man am rechten Murufer 123 Trafiken zählen, allein sechs in der Annenstraße. Am linken Murufer waren es 168, so beispielsweise drei in der Neutorgasse.

Die Ältesten

Färbige Einlageblätter in den Adressbüchern vergangener Zeit brachten Werbeeinschaltungen von Firmen, gereiht nach ihrem Alter. Nur Betriebe, die schon einst über 100 Jahre alt waren, hatten alternierend eine Chance, in dieser ehrenden Aufzählung erwähnt zu werden. Eine große Zahl der so Beworbenen gibt es schon lange nicht mehr: Buchhandlung Leuschner & Lubensky (Sporgasse), Drogerie Kroath (Hauptplatz), Sewera-Stoffe (Herrengasse), Buchhandlung Kienreich (Sackstraße), Eisenwaren Greinitz (Grieskai), Spedition Kloiber, Riedl & Schrott (Kaiserfeldgasse), Parfümerie Sorg (Annenstraße), Mode Prokop (Herrengasse) und Färberei Lohr (Sackstraße), um nur einige zu nennen.

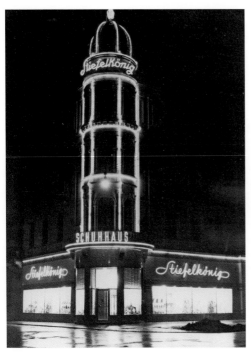

Das Hauptgeschäft des Schuhhauses Stiefelkönig am Joanneumring, Ecke Schmiedgasse war über Jahrzehnte ein Zentrum der innerstädtischen Einkaufswelt.

Es gab allerdings auch durchaus alte Firmen, die nicht im Adressbuch inserierten und so auch nicht in dieser Renommierliste vorkamen.

Es ist auch oft nicht leicht festzustellen, seit wann alte Firmen schon bestehen und wer nun der richtige Traditionsträger ist. Zu oft wechseln Firmennamen, Eigentümer und Standorte. So gibt es einen ungeklärten Wettstreit über den Altersrekord bei Bäckern und Apotheken. Faktum ist jedenfalls, dass manche Bäckereien und Apotheken eine lange Geschichte haben.

Wir Konsumenten wirken natürlich mit an der Entwicklung, an Erfolg und Misserfolg der Geschäftswelt. Um den Mehlplatz und den Franziskanerplatz hat sich in den letzten Jahren eine blühende Gastrozone entwickelt. Die Nahversorgung funktioniert in Graz, auch in den randstädtischen Siedlungen.

So bleibt am Schluss nur übrig: Abschied zu nehmen, aber auch herzlich willkommen zu sagen!

Was geschah im November 1918 in Graz?

In Graz gab es um den 12. November 1918 zwei parallele Welten, die meist wenig miteinander zu tun hatten. Die private, alltägliche, sorgenbelastete und die politische. Jene Zeit des Wandels in Europa und besonders auch in Österreich spiegelte sich im Grazer Alltag und seinen Zeitungen.

Die letzten Briefmarken der Monarchie werden durch Überstempelung zu den ersten Marken der Republik.

Auch im November 1918 wurde in Graz geboren und gestorben. Es wurden Titel vergeben und in den Druckmedien Kleinannoncen geschaltet. Die Kinos spielten aus heutiger Sicht seichte und tonlose Unterhaltungsfilme. Das Theaterkino (Schauspielhaus) zeigte „Das verschwundene Schloß" und „Eine fatale Verwechslung". Beide Filme waren für Jugendliche nicht geeignet. Im Café Bruck am Lendkai 21 gab es täglich Konzerte der Salonkapelle Guggi. In der Musikschule Iberer (Salzamtsgasse 4) begann ein Violinkurs. In der Oper wurde „Tiefland" gespielt. Im „Grazer Tagblatt" konnte man täglich eine Fortsetzung des erbaulichen Romans

„Der Väter Erbe" lesen. In der Gemeinde Eggenberg wurde der Gaspreis erhöht. Der Grazer Gemeinderat befasste sich nicht nur mit der Versorgungsnot von Lebensmitteln und bei Wohnungen, sondern am 13. November unter anderem auch mit einer Wertzuwachssteuer, mit der Beleuchtung in der Mariahilferstraße, mit der Schiffbarmachung von Mur und Drau sowie mit der Errichtung eines Krematoriums.

Keine Ausrufung der Republik

Die Massenversammlung der Sozialdemokraten am 12. November 1918 auf dem Franzensplatz (danach Freiheitsplatz) war sicher ein die Zeitgeschichte prägendes Ereignis der Lokalgeschichte. Allerdings kam es damals formal nicht für die Steiermark zur Ausrufung der Republik und zum Beitritt zur neuen Republik. Es kam auch nicht zu einer Art steirischer Volksbestätigung für die in Gründung begriffene Republik Deutsch-Österreich, stellvertretend durch die Versammlungsteilnehmer. Wohl aber gab es unter den vielen Tausend Versammlungsteilnehmern eine deutliche Identifikation mit der neuen Staatsform der Republik und zu einem in seiner Art und seinem Umfang noch nicht genau definierten Staat. Bei der Massenversammlung am künftigen Freiheitsplatz erklangen Hörner und das Lied „Die Sterne erbleichen". Wohlfahrtskommissär Dr. Arnold Eisler als Vertreter der Arbeiterschaft erklärte die Ziele der Partei, Leutnant Smital sprach für die sich als deutsch definierende Studentenschaft, und es folgte eine politische Brandrede des Soldatenrates Feldwebel Ludwig Oberzaucher. Die Feier endete mit Appellen an die Freiheit, an die Revolution, die Internationale, aber auch auf die große deutsche Republik. Schließlich hatte ein Chor die Arbeiter-Marseillaise gesungen („... und unsere Fahn' ist rot"). Politisch anders orientierte Zeitungen würdigten die sozialdemokratische

1918: Graz als Ort einer „Allgemeinen österreichischen Kriegsgräber Ausstellung" in der Industriehalle.

Massenversammlung geringer als der „Arbeiterwille" mit seinem Bericht auf Seite 1. Das Morgenblatt des „Grazer Volksblatts" widmete der Veranstaltung am Franzensplatz nur eine halbe Spalte auf Seite 3. Ausgerechnet während jener Tage, in denen sich so viel änderte, starb der Begründer der Sozialdemokratischen Arbeiterpartei Viktor Adler am 11. November 1918 in

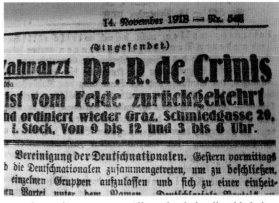

Zurück von der Front! Der Alltag überdeckt allmählich die Kriegskatastrophe.

Wien. Sein Tod verdrängte teilweise andere Nachrichten aus den Schlagzeilen der Zeitungen. An jenem 12. November beschloss die provisorische Nationalversammlung in Wien die Proklamation der neuen Republik Deutsch-Österreich. Aber auch in Wien war damals noch vieles ungeklärt. Dass der Monarchie Österreich-Ungarn, die schon formal beendet war, nun eine Republik folgen sollte, schien weitgehend die Meinung der Bevölkerung und der Politiker zu sein.

Neben den lokalen Meldungen waren die Zeitungen voll von Gerüchten und Spekulationen. Wo gab es überall Unruhen? In Bayern, in der Schweiz, in Belgien. Wo folgte das Militär nicht mehr seinen Befehlen? In Deutschland, in Frankreich, in Italien. Wo drohte neuerlich Krieg? Am Balkan. Wie sollten die Grenzen in Tirol, in Kärnten oder in Westböhmen gezogen werden? Bayerische und italienische Truppen besetzten Teile Tirols. Sollte Österreich ein Teil eines neuen Deutschlands werden? Noch am 12. November gab es in den Medien Siegesmeldungen über einen Krieg, der verloren und schon beendet war.

Chaos auch in Graz

Für Graz bedeutete der Durchzug von österreich-ungarischen Truppen von der Front in ihre nun neuen Heimatländer ein großes Problem. Es sollte am Südbahnhof (Hauptbahnhof) vom Militär und vom Arbeiterhilfskorps (Volkswehr) kontrolliert und Waffen, aber auch Lebensmittel abgenommen werden. Wie zu befürchten war, kam es zu Konflikten. So forderte Mitte November ein längerer Schusswechsel acht Tote. Bisher anerkannte Gesetze schienen nach dem Zusammenbruch der alten Ordnung nicht mehr zu gelten. Im Graz des zerfallenden Vielvölkerstaats mit seinen über 50 Millionen Bewohnern wollten die einen in ihre Heimat zurück, wo immer die auch war. Die anderen wollten nach Graz zurück, auch wenn diese Reise z. B. auf dem Dach eines Zuges passieren musste. Von Graz weg fuhren Sonderzüge Flüchtlinge zurück in den Süden des nicht mehr bestehenden Reiches. Manche waren nun nirgendwo daheim. Die Militärverwaltung appellierte an die Angehörigen der k. u. k. Marine, sich im Korpskommando (Glacisstraße 39–41) zu melden. Staatsgut wurde teilweise als herrenlos verstanden, und man bediente sich. Für weibliche Hilfskräfte der zurückflutenden geschlagenen Armee errichtete ein katholischer Frauenhilfsverein am Bahnhof eine Auskunftsstelle. Arbeiter- und Soldatenräte tagten und fassten Beschlüsse. Hilfsorganisationen bemühten sich um die Versorgung jeweils bestimmter Personengruppen. Schon ab 1916 hatte es in Graz schwere Versorgungsprobleme gegeben.

Die Erste Republik dauerte nur 20 Jahre und war voll der politischen und wirtschaftlichen Krisen. Die Zweite Republik hat uns in über 75 Jahren vergleichsweise eine harmonische Zeit gebracht.

„Proklamierung der Republik in Graz, 12. November 1918". Es gab aber damals diese Proklamation am Franzensplatz (Freiheitsplatz) weder formal noch informell! Wohl aber eine Massenversammlung der Sozialdemokratischen Arbeiterpartei für eine Republik.

Weihnachten 1919 und 1969

2019 waren wir 100 Jahre vom Stimmungstief der Weihnachtstage 1919 entfernt. Auch die Festtage von 1969 waren schon 50 Jahre fern. Weniger als ein Viertel von uns hat jene Zeit bewusst erlebt.

Großbürgerlicher Weihnachtstisch in den 1920er-Jahren mit Personal und Gaslicht.

Im Mai 1919 hatte es in Graz Gemeinderatswahlen gegeben. Als Gewinner führten nun die Sozialdemokraten mit ihrem Bürgermeister Vinzenz Muchitsch. Auf der großen europäischen Bühne der Politik gab es trotz der schon einjährigen Friedenszeit viele Unsicherheiten, Probleme und Gerüchte. Am 10. September 1919 war der Österreich betreffende Friedensvertrag von St. Germain unterzeichnet worden. Aber auch das hatte nur Zweifel, Hoffnungen und Enttäuschungen und keine Ruhe und Sicherheit gebracht. Noch immer waren die Staatsgrenzen Deutsch-Österreichs nicht endgültig fixiert. Wohl aber war es sicher, dass ein Drittel der Steiermark an den Staat der Serben, Kroaten und Slowenen (SHS)

Bescheidenes Weihnachtsvergnügen: 1919 wurde die Rollschuhbahn in der ehemaligen landständischen Reithalle (Mondscheingasse) beworben.

verloren war. Noch befanden sich Tausende Grazer als Kriegsgefangene im Ausland. Zu Weihnachten herrschten bei Lebensmitteln nach wie vor Versorgungsprobleme.

Aufgrund von Kohlenmangel gab es zu Weihnachten keinen Personenverkehr der Eisenbahn. Zwar wünscht die „Grazer Mittagszeitung" herzlichste Weihnachtsgrüße, aber auch am 24. Dezember kommt in den Medien keine Feiertagsstimmung auf. Die Schlagzeile der Zeitung ist dem „Schutz der Kleinpächter in Wien" gewidmet. Auf Seite 3 findet man eine Anleitung, wie man Rosskastanien als Tierfutter verwendet. Außer einem schlechten Witz über Studenten kann man auf dieser Seite noch über eine Technik, um verdorbenes Fleisch zumindest dem Geschmack nach zu verbessern, nachlesen. Der eher bescheidene Fortsetzungsroman der Zeitung mit dem Titel „Zerstörtes Glück" war auch kein Freuden- und Stimmungsbringer.

Aber es gab Theatervorstellungen. In der Oper wurde Wagners „Tristan und Isolde" gezeigt, und im Schauspielhaus gab es außer Kinovorstellungen biedere leichte Bühnenkost wie z. B. „Almrausch und Edelweiß". Noch billiger gab es die Alpenländische Volksbühne des Gasthofes Remschmidt in Andritz. Dort konnte man „D' Schatzgraber" sehen und hören. Vereine luden zu ihren Weihnachtsfeiern. So die „Vereinigten Arbeiterturnvereine", die in den Ju-

Was in den 60er-Jahren zu Weihnachten Freude und Belastung war: reichlich Schnee in Graz.

liensälen (Eggenberger Straße) feierten. Auch ein „Salonjongleur" wurde dort aufgeboten. Wer etwas mehr Stimmung wollte, der konnte eines der vielen Cafés mit Konzertprogramm besuchen.

Vor 52 Jahren

Auf der internationalen Bühne herrschte ein wenig Entspannung. So wurde unter der Abkürzung SALT über Abrüstung verhandelt. In Vietnam gab es eine kurze Weihnachtswaffenruhe. Als Fortschritt wurde in der Schweiz das Frauenwahlrecht auf Staatsebene ab 1971 beschlossen, in den Kantonen fielen diese Entscheidungen zwischen 1959 und 1990. In der Tschechoslowakei herrschte im Jahr nach 1968 politische Totenstille.

Bischof Johann Weber hatte gerade sein geistliches Amt angetreten. Die Stadtpolitik dominierte 1969 Langzeitbürgermeister Gustav Scherbaum (SP), seine Vizebürgermeister in dieser Zeit waren Josef Stöffler (VP), Max Chechal (SP) und Alexander Götz (FP). Noch konkurrierten Radio- und Fernsehprogramme. Der lokale Markt an Tageszeitungen war reich bestellt („Kleine Zeitung", „Neue Zeit", „Tagespost", „Wahrheit" und die „Kronen Zeitung", die erst 1972 eine Graz-Redaktion einrichtete). In der „Kleinen Zeitung" schrieben unter anderen Fritz Csoklich, Karl Hans Haysen, Karl Amon und Edith Münzer Weihnachtsartikel.

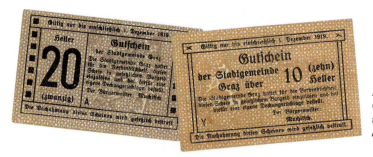

Dezember 1919: Notgeld der Gemeinde, unterzeichnet vom Bürgermeister, karikiert als „Muchitscherln".

Die Zeitungen titelten damals „Auf ins neue Jahrzehnt!", und man lobte die Sporthelden jener Zeit (Schranz, Prokop, Orsolics). In den Weihnachtstagen war es recht kalt. Am Thalerhof wurden untertags minus acht Grad und in der Nacht minus 16 Grad gemessen.

Weihnachten als Stimmungsbringer

Trotz Klagen über die Wirtschaftslage sprach man von „Geschenklawinen". Damals bekannte Firmen warben um Kunden, so die Möbelhändler Ertl (Annenstraße) und Pichler (Belgiergasse), das Kaufhaus Krottmayer (Lendplatz) und das Schuhhaus Stiefelkönig (Joanneumring). Beim Modenmüller (Murgasse) gab es Wein um 20 Schilling pro Flasche und bei Coop-Konsum in der Annenstraße Transistorradios um 500 Schilling. Weihnachtsessen wurden vielerorts angeboten, nicht nur im noblen Steirerhof (Jakominiplatz), sondern beispielsweise auch im Gasthaus zum Wilden Mann in der Jakominigasse und im Stadtkeller am Andreas-Hofer-Platz. Die Oper gab „My Fair Lady", „La Bohème" und „Die lustige Witwe", im Schauspielhaus konnte man „Mirandolina" und „Irma la douce" sehen. Noch gab es zwar weniger Kinosäle als heute, wohl aber mehr Kinos (Thalia, Orpheum, Opernkino). Privat genoss man hoffentlich auch andere Stimmungsmacher. Insgesamt hatte man den Eindruck, dass die Grazer, damals noch ohne Gendern, mit sich zufrieden waren.

Von der Nostalgie

Das verklärte Heimweh nach der Vergangenheit ist zu Weihnachten meist stark ausgebildet. Wir erlauben uns unter Ausblendung des Negativen, vergangene Zeiten hoch zu bewerten. Wir können uns ohne das Risiko einer Zeitreise einer nostalgischen Verklärung des Einstigen hingeben.

Der geheimnisvolle DU-Wagen

Als Grazer Pioniere des Autobaus kennen (fast) alle Johann Puch, viele (vielleicht) auch Benedikt Albl, dagegen Rudolf Ditmar und Otto von Urban (vermutlich) sehr wenige. Und doch verbirgt sich hinter diesen beiden Namen ein interessantes Stück lokale Automobilgeschichte.

Der renovierte DU-Wagen mit vollem Aufbau.

Die Mitte der 20er-Jahre des vergangenen Jahrhunderts war auch für Graz eine autobegeisterte Zeit. Noch lange war aber der Wettstreit Pferd gegen Auto nicht entschieden. Im „gemischten Verkehr" jener Zeit gab es im Graz der inneren sechs Bezirke mehr als 100 Fuhrwerksunternehmen recht unterschiedlicher Größe und Qualität. 45 Pferdehändler boten ihre Dienste an. Andererseits verkauften damals rund 40 Firmen Autos. Steyr, Puch und Austro-Daimler waren beliebte Marken. Der Standort mancher Autohändler der 20er-Jahre wirkt heute exotisch. So konnte man am Franziskanerplatz 10 oder an der Adresse Jakominigasse 8 Autos

Otto von Urban (1888–1973) und seine Frau Nora (1889–1977), eine talentierte Malerin und Schriftstellerin.

erwerben. Noch in den 1960er-Jahren gab es beispielsweise eine sehr bescheidene Elektrowerkstätte für Autos in der altstädtischen Raubergasse. Die zu reparierenden Wagen standen einfach mit zwei Rädern auf dem schmalen Gehsteig. Was in England noch hin und wieder vorkommt, gab es einst auch in Graz: In Garagen und Werkstätten wurden, meist aus zugekauften Teilen, Autos montiert oder nach Wunsch modifiziert. Von Serien und Typen konnte man nicht sprechen, oft waren es Einzelexemplare.

Die Suche

Im Jahr 2004 überlässt der bejahrte Oldtimersammler Ing. Gottfried Arzt aus Wien dem „Verein zur Förderung der historischen Fahrzeuge der Österreichischen Automobilfabriken" ein etwas rätselhaftes Auto mit der Marke „DU" auf der Kühlermaske. Ab 2013 wurde dieser Wagen, er stand zuvor auch im Technischen Museum in Wien, „sanft" restauriert. Drei Freunde alter Automobile trugen die Hauptlast der aufwendigen Arbeit: die Wiener Heinz Mesicek (Österreichische Gesellschaft für historisches Kraftfahrwesen) und Stefan Reitgruber und der Grazer Franz Legenstein. Während die einen sich mit dem renovierungsbedürftigen Zustand des DU-Wagens befassten, erstellte der Dritte eine Dokumentation für das Auto und seine Hersteller. Sowohl die technische Rekonstruktion als auch die Suche nach Informationen über die Firma und ihre beiden Eigentümer waren aufwendig und einem Puzzle ähnlich. 2017 war der Wagen schließlich fahrbereit. Nun steht er zum Verkehr zugelassen im Automobilmuseum „Route 66 Fehr" in Wiener Neustadt.

Rudolf Ditmar (1880–1942).

Mitglieder des „Vereins zur Förderung der historischen Fahrzeuge der Österreichischen Automobilfabriken" arbeiten am einzigen erhaltenen DU-Wagen.

Das Firmenlogo DU (für Ditmar und Urban) am Kühler.

Die Firma

Rudolf Ditmar und Otto Urban meldeten im Jahr 1924 eine Firma für Automobilkonstruktionen an. Der Standort war das Hinterhaus Schönaugasse 102 A, eine ehemalige Schlosserei. Kurz gab es auch ein Betriebsgelände in der nahen Froschaugasse (zuvor Pestalozzistraße) an der Ecke Nordweg (zuvor Hügelgasse). Kennzeichnend für die Wirtschaftskrise dieser Zeit kurz vor der Umstellung Krone zu Schilling (1925) war die Höhe des Kredits für den Grunderwerb, Planung und Bauausführung von rund 350.000.000 Kronen. Wie viele Wagen gebaut wurden, ist unklar. Möglicherweise waren es nur zwei Autos. Schon 1925 wurde das Gewerbe zurückgelegt und 1927 gelöscht.

Der Wagen

Auffallend ist der variable Dachaufbau, der unterschiedliche Nutzungsformen ermöglicht: entweder als geschlossene Limousine (Ballonaufsatz) oder als Stadtcoupé mit offenem Chauffeursitz oder als offener Tourenwagen. Über der vorderen Sitzbank ist ein ausrollbarer Sonnen- und Regenschutz montiert. Die Karosserie ist auf einen massiven Rahmen, vermutlich eine Eigenproduktion der Firma DU, aufgebaut. Der wassergekühlte Vierzylindermotor mit ca. 30 PS und die Hinterachse waren die Hauptprobleme bei der Restaurierung. Bremse und Handbremse wirken auf die Hinterräder.

Alfred Pommer führte in der Elisabethinergasse 22 eine Werkstätte für Billardtische und Eiskästen. Da er mit Blech und Holz umgehen konnte, wurden hier um 1910 auch Karosserieschäden repariert.

Der D und der U

Rudolf Ditmar (1880 Triest – 1942 Albersdorf im Bezirk Weiz) stammte aus einer Unternehmerfamilie. Er war einige Zeit der Pächter des Spielerhofes in Grambach. 1919 meldete er das Gewerbe des Autohandels an und vertrat an der Wohnadresse Zimmerplatzgasse 1 die Turiner Automarke Aurea. Es folgte das mäßig erfolgreiche Unternehmen des Automobilbaus. Sein Grab befindet sich am Evangelischen Friedhof in der Petersgasse.

Otto Urban (1888 Römerbad in der Untersteiermark – 1973 Klagenfurt) stammte aus einer altösterreichischen Offiziersfamilie. Sein Großvater, Karl Urban, wurde als Feldmarschallleutnant mit dem Maria-Theresien-Orden ausgezeichnet und so in den Freiherrnstand erhoben. Otto Urban diente im Ersten Weltkrieg als Rittmeister im Dragonerregiment 5. Ihm wird 1918 die Rettung der Regimentsfahne zugeschrieben. Als Zivilist führte er einen Gutsbetrieb in Flöcking bei Gleisdorf, und er wohnte auch im Stiftingtal und in der Merangasse. Er engagierte sich als einer der beiden DU-Wagen-Unternehmer. In Kärnten vertrat er in der Folge die tschechische Automarke Tatra. 1945 konnte er mit Hilfe ehemals kriegsgefangener Briten eine Besetzung Klagenfurts durch die Tito-Partisanen verhindern. Es wurde vorgetäuscht, dass Klagenfurt schon britisch besetzt sei. Das wird zumindest über ihn erzählt.

Schon 1902 gab es Autogaragen in Graz. Hier die Oldtimer, damals waren sie Newtimer, vor der Garage Bittner (Schönaugasse 76).

Graz im März 1938 – davor und danach

Häufig werden hinter der Formulierung „Zur Zeit des Zweiten Weltkriegs" die Jahre der nationalsozialistischen Herrschaft und alles, was damals geschehen ist, versteckt.

Das Ölbild (1940) von Julius Wegerer zeigt nicht nur Nazi-Begeisterung, sondern auch die Folgen des Beflaggungszwangs.

In Graz gehen die Wurzeln deutschnationalen Denkens zumindest bis ins späte 19. Jahrhundert zurück. In jener Zeit voll politischer und sozialer Konflikte war ein demonstratives Bekenntnis eines Teils der Grazer, insbesondere des Bürgertums, zum nationalen Deutschtum die grundlegende Ideologie. Gegner waren daher alle, die nicht dieser Haltung entsprachen. Im „Kulturkampf" distanzierte man sich besonders von der katholischen Kirche, von Slawen – also einem Drittel der Bevölkerung des Kronlandes Steiermark – und Juden. Was durch Jahrhunderte so halbwegs funktioniert hatte – die Gemeinsamkeit trotz aller Unterschiedlichkeit –, brach nun auseinander. Es gab jetzt auch in Graz zumindest drei

Anfang März 1938 stellt sich noch im Regierungsauftrag das Österreichische Bundesheer den Nazi-Demonstranten entgegen (Hauptplatz-Murgasse).

große politische Lager. Ein rechtes, ein linkes und eines, das irgendwie dazwischenstand und mit dem Staat (Habsburgermonarchie Österreich-Ungarn) und der katholischen Kirche eng verbunden war.

Zwischen dem offensiven Deutschdenken an der Wende des 19. zum 20. Jahrhundert und dem deutschen Nationalsozialismus, vertreten durch die NSDAP und ihre Machthaber, herrschten zwar Unterschiede, aber auch Übereinstimmungen. Bei der Wahl im Jahr 1920 gab es im Wahlkreis Graz-Stadt und Graz-Umgebung nur 0,7 Prozent Stimmen für die DNSAP, die Deutsche Nationalsozialistische Arbeiterpartei Österreichs. 1924 waren es in Graz schon 3,8 Prozent Stimmen für dieses politische Lager. Parallel dazu stieg die Zahl an einschlägigen Veranstaltungen mit ihrem Saalschutz und auch die der antisemitischen Demonstrationen. Bis in die 30er-Jahre wuchs das extrem rechte Lager (NSDAP-Hitlerbewegung). 1933 wurde die NSDAP in Österreich verboten, bestand aber im gut organisierten Untergrund weiter. Im Juli 1934 versuchte man in Österreich – mit einem Schwerpunkt in Wien –, durch einen Staatsstreich an die Macht zu kommen. Im Raum Graz wollte man das Anhaltelager Messendorf stürmen. Nationalsozialisten trafen sich zum Beispiel im Café Union in der Leonhardstraße und im Café München (nun Theatercafé) in der Mandellstraße. Unter anderem zeigte man mit weißen Stutzen (Halbstrümpfen) zu den damals verbreiteten Knickerbockern (Wikipedia: wadenlange Überfallhose) und an der Nichtbiegung der Hutkrempe seine

Großveranstaltungen der NSDAP fanden am Trabrennplatz, östlich der Messe, statt.

NS-Demonstranten und ein berittener Polizist am Opernring, 1938. (l.) Nationalsozialisten demonstrieren in der Herrengasse, März 1938. (M.) Die Abschiedsparade Wiener Truppen des Österreichischen Bundesheeres wurde von Demonstrationen begleitet, 4. März 1938. (r.)

Sympathien für Hitlers Deutschland. Ob legal oder nicht, das Hakenkreuz war demonstrativ präsent. Der Konflikt zwischen der politischen Linken und den herrschenden Christlichsozialen trug zur Destabilisierung Österreichs in der Ersten Republik bei. Die 20 Jahre zwischen 1918 und 1938 waren eine Zeit hoher politischer Aggressionsbereitschaft. Vorschub für die Zunahme an NS-Bekenntnissen waren wirtschaftliche Probleme und die massive Propaganda über das erfolgreiche Deutsche Reich unter seinem Führer Adolf Hitler.

Der „Anschluß"

Die Reihe nationalsozialistischer Demonstrationen, die – so am 21. Februar 1938 – zuvor schon massiv aufgetreten waren, fand im März ihre Fortsetzung. Am Abend des 1. März marschierten trotz eines Verbots Tausende SA-Leute und Anhänger des NS-Systems unter anderem in der Merangasse zum Haus des Technikprofessors und dem nationalen Lager zuzurechnenden Armin Dadieu. Dort gab es die üblichen Sprechchöre, Heilrufe und Nazi-Lieder. Dadieu und Österreichs Innenminister Seyß-Inquart zeigten mit dem Hitler-Gruß ihre Gesinnung. Eine Gegenveranstaltung im Kammersaal am 2. März, bei der die Vaterländische Front die Arbeiterschaft einbinden wollte, brachte keinen Erfolg. Es war zu spät für eine Österreichlösung. Sowohl durch die Macht der Straße als auch auf der lokalpolitischen Ebene gab es keine Kompromisse mehr. Die wahren Entscheidungen fielen jedoch in Hitlers Ferienquartier am Obersalzberg, in München und Berlin, aber auch in Wien. Die Grazer „Volkserhebung", die in der Propaganda von den steirischen Nationalsozialisten gut verwertet wurde, blieb in Wirklichkeit nur eine Episode beim Zusammenbruch Österreichs und dem „Anschluß". Der einschlägigen NS-Literatur ist die „Grazer Volkserhebung" gerade einmal nur die Erwähnung wert. „Stadt der Volkserhebung" wurde aber in Graz in der Folge oft verwendet. Womöglich hätte der Ausdruck mittelfristig den slawischen Namen Graz ersetzt.

Das Fallschirmjägerregiment II der Deutschen Luftwaffe landete am 13. März am Thalerhof. Am 14. März rückten die ersten Einheiten des deutschen Heeres in ein bereits nationalsozialistisch geführtes Graz ein. Vermutlich die Mehrheit – Nationalsozialisten und besonders viele der politischen Konjunktur Folgende – jubelte. Christlichsoziale, Sozialdemokraten, Kommunisten, Juden und sicher auch viele kritisch Vorsichtige trauerten.

„Stadt der Volkserhebung"

Am 25. Juli 1938 erfuhren die Grazer anlässlich einer Massenveranstaltung im Gedenken an den Juliputsch der Nationalsozialisten im Jahr 1934 („Ihr habt doch gesiegt"), dass Hitler der Stadt den Titel „Stadt der Volkserhebung" verliehen habe. Ob dieser Titel mit den Ereignissen im Jahr 1934 oder doch mit den Massendemonstrationen im Februar und März 1938 und der Hissung der Hakenkreuzfahne am Rathaus (24. Februar) zusammenhängt, bleibt offen und ist letztlich nicht sonderlich erheblich. Erheblich ist der NS-Terror, der vor dem „Anschluß" ausgeübt wurde, und noch viel mehr, was dann geschah. Rechnet man die Grazer Opfer des Kriegs und der Verfolgung zusammen, dann kommt man, der Literatur und Statistik folgend, auf mehr als 4000.

Das „Tausendjährige Reich" endete für Österreich nach nur sieben zu langen Jahren, die sich von den Hoffnungen vieler zur absoluten Katastrophe entwickelten. Den Ereignissen in Graz des Jahres 1938 waren 1988 der Band 18/19 des Historischen Jahrbuches der Stadt Graz und eine Ausstellung im Stadtmuseum gewidmet.

Das Kindermodengeschäft S. Engel (Hans-Sachs-Gasse 7) wurde 1938 „arisiert" und einige Jahre von einer Familie Speer geführt.

Minus 59 Jahre – Graz vor zwei Generationen

Graz 1962! Alle, die es heute betrifft, waren damals 59 Jahre jünger. So auch der Autor dieser Seiten. Vieles hat sich grundlegend verändert, anderes kaum. Hier ein Überblick.

Modenmüller-Konkurrent Kastner & Öhler hatte schon 1959 eine Rolltreppe; Mischtechnik von F. Trenk, 1960.

Das Versandhaus Modenmüller war in den 60er-Jahren über den anfangs überschaubaren Betrieb im Haus Murgasse 5 hinausgewachsen. Das neue Großkaufhaus in der Wiener Straße 286, nun eine Konkurrenz für Kastner & Öhler, gab zweimal jährlich einen umfangreichen Versandkatalog heraus. Zwei Generationen zurück führt uns der Herbst-Winter-Katalog 1961/62 als imaginäre Zeitmaschine in die Grazer Welt der frühen 60er-Jahre.

Die realen Models des Katalogs, viele sind Doris Day oder Vivi Bach ähnlich, tragen meist einen damals modischen Kurzhaarschnitt. Einige Models zeigen schwarze und graue Berufsmäntel, andere Trägerschürzen,

Zeitgenössisches Zimmer aus dem Modenmüller-Katalog.

bei denen die Hitzebeständigkeit (80 Graz Celsius!) angegeben ist. Selbstverständlich gibt es auch Kopftücher und Trachtenmode im Angebot. Dort, wo es sich um intimere weibliche Unterwäsche handelt, gibt es keine Fotos, sondern – dem prüden Zeitgeist entsprechend – nur Zeichnungen. Große Knöpfe waren damals ein Aufputz auf Kleidern und Mänteln. Vieles im Jahr 1962 Tragbares würde auch heute nicht auffallen. Und sei es nur dem nun modischen Retrotrend wegen. Männliche Models zeigen sich aktiv. Sie rauchen, trinken, lesen, fotografieren, arbeiten usw.

Teuer – billig?

Auf den Elektroseiten des Katalogs – Elektronik gab es damals noch nicht – wurden zeittypische Geräte beworben. Ein Phonokoffer für Schallplatten mit den Geschwindigkeiten 16, 33 1/3, 45 und 78 Touren kostete je nach Qualität zwischen 675 und 1648 Schilling. Die Tonband-Aufnahmegeräte der Firmen Stuzzi oder Philips waren zum Preis von fast 3000 Schilling erhältlich. Seit 1958 gab es ein regelmäßiges Fernsehprogramm, und 1961 wurde als seltene aktive Ergänzung ein zweites Programm eingeführt. Beide Programme sendeten selbstverständlich in Schwarz-Weiß. Edi Finger und Heinz Conrads waren damals Publikumslieblinge. Mechanische Kofferschreibmaschinen wurden schon ab 1250 Schilling angeboten. Bei Nähmaschinen konnte man zwischen einer elektrisch betriebenen (ab 2600 Schilling) und einer mit Fußantrieb (2300 Schilling)

Frauenschürze, Kleiderschürze, Trägerschürze, Halbschürze, Cocktailschürze und Modeschürze.

wählen. Als Arbeitermonatslohn 1961 führt die Statistik umgerechnet 240 Euro an. Aber der Schilling von damals ist schwer mit dem Euro von heute vergleichbar. Die Kaufkraft ist seither fast immer stark gestiegen. Für die meisten Waren musste man zwei- bis fünfmal so lange arbeiten als gegenwärtig. Oft entspricht aber ein Schilling von damals der heutigen Kaufkraft eines Euro.

Wie war das sonst in Graz?

Mühsam begann damals das, was wir heute als modern bezeichnen. Noch lagen einige Jahre vor dem nun als Epochenjahr definierten 1968. Das Zeitalter der Bürgerinitiativen hatte noch nicht begonnen. Wohl aber gab es Proteste und Diskussionen, so über Hochhäuser in der Stadt. Noch waren in Graz die drei lokalen Parteizeitungen erfolgreich („Neue Zeit", „Tagespost", „Wahrheit"). Damals war der VW-Käfer der dominierende Pkw. 1961 gab es am Opernring noch Gegenverkehr und erstmals etwas so Ähnliches wie eine „Grüne Welle". Der Besuch einer Tanzschule mit dem Traditionsprogramm gehörte zum Standardprogramm der Teenager. Damals war der Twist ein Modetanz, manche bewegten sich auch zum Locomotion. In den frühen 60er-Jahren gab es viel Jazzmusik, so auch im Forum Stadtpark.

Männliches Model mit aktuellem Sporthemd und Fotoapparat.

Damals – heute

Blättern wir etwas in der Statistik des Jahres 1962. Die Stadt führte Bürgermeister Gustav Scherbaum (SPÖ), seine Stellvertreter waren Hans Amschl (ÖVP) und Alois Schönauer (SPÖ). Universität und Technische Hochschule konnten zusammen rund 10.000 Studenten aufweisen. Heute studieren an vier Universitäten und vier (Fach- bzw. Pägadogischen) Hochschulen fast 60.000. Damals war der Anteil der Landwirtschaft in und um Graz

„Hilde" und „Margarete" – modisch mit Knöpfen.

In den 60er-Jahren nahm man den Tanzunterricht sehr ernst – hier in der Tanzschule Eichler-Gehrlein, Sackstraße 16.

um vieles höher als heute. Die Viehzählung bilanzierte einst für die Stadt die Meldung von 4000 Rindern, 6000 Schweinen und über 90.000 Hühnern. Aufgrund der Zuordnung zum Betriebsführer sind diese Zahlen doch nicht ganz ernst zu nehmen. Knapp 380.000 Übernachtungen zählte in diesem Jahr die Tourismusbilanz, heute sind es über eine Million. Die Zählung der Flugpassagiere brachte 1962 knapp 1000 Personen, nun sind es mehr als 1.100.000. Den einst 30 Kinos der Stadt steht heute, zählt man die einzelnen Säle, eine fast vergleichbare Zahl gegenüber.

Es stellt sich abschließend die Frage, ob man lieber wieder in der Zeit vor 59 Jahren leben würde. Das kann vermutlich nur jede und jeder für sich selbst beantworten. Die Antwort ist ohnedies ohne ein Risiko der Realisierung. Die Zeitmaschine in die Vergangenheit ist ja nur eine Illusion, wohl aber einer kurzen Reflexion würdig.

Fit für Motorrad und Roller.

Der erfolgreiche Puch-Motorroller wurde ab 1952 als Alternative zur Vespa gebaut.

Erinnern Sie sich noch an das Graz der 50er-Jahre?

Zu alt? Zu jung? Noch nicht in Graz? Hier in Kürze und dafür illustriert ein Rückblick in die späten Nachkriegsjahre.

1952 eröffnete im Haus Hamerlinggasse 8 das „Amerika-Haus". Einerseits gab es dort Propaganda im Sinne des Kalten Kriegs zwischen West und Ost. Andererseits konnte man dort neue Literatur und einen Blick in die damals führende USA-Welt werfen.

Graz hatte um 1955 rund 60.000 Einwohner weniger als heute. 65 Prozent wohnten in den inneren sechs Bezirken. Heute sind es nur mehr 49 Prozent. Die Mehrheit der vielen Bombenruinen war in den 50er-Jahren schon wieder aufgebaut. Aber etliche Ruinen, so in der Moserhofgasse und an der Ecke Hans-Sachs-Gasse zur Bürgergasse, erinnerten an ein zerstörtes Graz. Lebensmittelkarten gab es seit 1951 nicht mehr, etwas später hörte auch die Bewirtschaftung des Benzins auf. Die Konjunktur der 50er-Jahre gab Arbeit und Hoffnung auf bessere Zeiten. Josef Krainer sen. (ÖVP) war damals Landeshauptmann, er führte die steirische Landespolitik von 1948 bis 1971. Der Grazer Bürgermeister war Dr. Eduard

1953 musste das Schauspielhaus (Hofgasse, Freiheitsplatz) wegen baulichen Gebrechens geschlossen werden. Der nur mäßig dafür geeignete Rittersaal des Landhauses war elf Jahre lang die Ersatzbühne. Die Aktion „Rettet unser Schauspielhaus" versuchte, Mittel zur Renovierung zu sammeln und Initiativen zur Wiedereröffnung zu setzen. 1964 wurde das erneuerte Schauspielhaus mit „Hamlet" eröffnet.

Speck (SPÖ, 1945–1960), sein Stellvertreter Dr. Hans Amschl (ÖVP, 1949–1962). Das Jahr 1955 brachte am 15. Mai den ersehnten Staatsvertrag. Bis zu seiner Wirksamkeit am 27. Juli wurden noch die viersprachigen Identitätsausweise ausgestellt. In der Nachfrist von 90 Tagen verließen die Angehörigen der königlich britischen Armee Graz. Im Unterschied zu den ersten Nachkriegsjahren war die „Besatzungsmacht" zuletzt jedoch kaum bemerkbar. Nur bei den bunt-theatralischen Paraden am Opernring und bei großen Feiern, so beim Tod König Georgs VI. oder zur Krönung Königin Elisabeths II., stand Graz im Zeichen der Briten. Tausende Grazer bewunderten 1952 den Farbfilm der Krönung im Non-Stop-Kino in der Herrengasse 13.

Der 1944 durch Bomben zerstörte Hauptbahnhof wurde 1955 als Neubau eröffnet. Damals spielte die „Kleine Halle" eine wichtige Rolle. So ganz anders als heute waren Kleidung und Gepäck. Erst wenige Jahre konnte man ohne technische und rechtliche Probleme reisen.

1953 erschien ein „Handbuch der Grazer Kraftfahrzeugbesitzer". Dort konnte man fern allen Datenschutzes nach Nummern geordnet die Besitzer samt Adresse und die Marke ihrer Wagen, Motorräder und Kleinkrafträder ermitteln. Der VW dominierte, es gab auch viele Fiat und Opel, aber auch zahlreiche Exoten wie Singer oder Adler. Für Pkw reichten die Nummern G 1 bis G 2.800 sowie G 10.001 bis G 12.800. Der Leser bekam auch zusätzliche Informationen, z. B. dass man nach einem plötzlich stoppenden Wagen fahrend sofort bremsen soll und dass in der Tschechoslowakei und Ungarn auf der linken Straßenseite gefahren wird. Das „Telephonbuch" erschien wegen der relativ wenigen Anschlüsse jährlich in überschaubarem Umfang und mit viel größerer Schrift als heute. Wer sich keinen Hauptanschluss leisten konnte, der konnte auch versuchen, mit seiner Gesprächszeit mit einem halben oder Viertel-Anschluss auszukommen.

Das Kaufhaus Modenmüller (Murgasse 5) hatte auf kleinem Raum ein umfangreiches und billiges Angebot und stand doch im Schatten von Kastner & Öhler.

Die Grazer Adressbücher, 1956 in ihrem 70. Jahrgang, gaben über Ämter, Bewohner, Firmen und Vereine reichlich Auskunft. Für 1978/79 erschien das letzte Grazer Adressbuch in zwei Bänden. Die Grazer hatten in den 50er-Jahren die Wahl zwischen vier Tageszeitungen: „Kleine Zeitung", „Süd-Ost-Tagespost" (ÖVP), „Neue Zeit" (SPÖ) und „Wahrheit" (KPÖ). Es gab auch den „Grazer Montag", den „Grazer Samstag" und das „Kleine Frauenblatt für die Frau von heute".

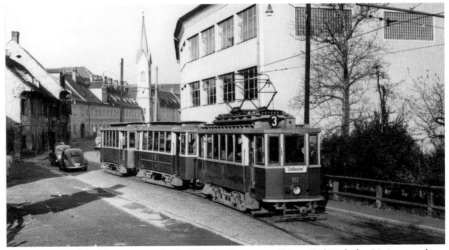

Ein 3er mit zwei Anhängerwagen in der Elisabethinergasse. Dieses Teilstück der Linie 3 wurde 1957 eingestellt.

EXPRESS-BUFFET GRIESPLATZ
Straßenbahnhaltestelle

Wir kochen für Sie ...
die Hausmannskost — gut und preiswert — täglich wechselnd
Tagesgerichte zu S 2.50

SPEISENFOLGE VOM 15. BIS 31. JÄNNER 1953

		S
Donnerstag, 15. 1.	Geb. Kartoffelnudeln mit Karfiolgemüse	2.50
	Saftfleisch mit Nudeln	4.50
Freitag, 16. 1.	Schneckerln mit Lebersauce	2.50
	Palatschinken	2.50
	Geb. Fisch mit Mayonnaisesalat	5.—
Samstag, 17. 1.	Beuschelsuppe mit Nockerln	2.50
	Matrosenreis	4.50
Montag, 19. 1.	Steirischer Ritscher	2.50
	Tellerfleisch nach Hausart	5.—
Dienstag, 20. 1.	Reis mit Zuckererbsen	2.50
	Scheiterhaufen	2.50
	Bayr. Leberknödel mit Gerösteten und Sauerkraut	4.50
Mittwoch, 21. 1.	Grammelknödel mit Linsen	2.50
	Reisfleisch	4.50
Donnerstag, 22. 1.	Nudeln mit Rehfleischsauce	2.50
	Faschiertes mit Kartoffelpüree	4.50
Freitag, 23. 1.	Abgeschmalzene Bohnen mit Sauerkraut	2.50
	Reisauflauf	2.50
	Wiener Beuschel mit Knödel	4.20
Samstag, 24. 1.	Kartoffelpüree mit Gulaschsaft	2.50
	Eingemachtes Kalbfleisch mit Knödel	5.—
Montag, 26. 1.	Klachelsuppe mit Semmelknödel	2.50
	Rahmherz mit Spaghetti	4.50
Dienstag, 27. 1.	Erbsenreis mit Tomatensauce	2.50
	Milchreis	2.50
	Pasta asciutta	4.50
Mittwoch, 28. 1.	Semmelknödel mit Szegedinerkraut	2.50
	Schinkenreis	4.50
Donnerstag, 29. 1.	Grammelnudeln mit Fleischragoutsauce	2.50
	Selchfleisch mit Kartoffelpüree	5.50
Freitag, 30. 1.	Bohnengulasch	2.50
	Griesschmarren mit Apfelkompott	2.50
	Gedünstete Leber mit Reis	4.50
Samstag, 31. 1.	Krautfleckerln mit Sauce	2.50
	Gefüllte Kalbsbrust mit Gerösteten und gem. Salat	6.—

Natürlich müssen die Preise jener Jahre mit den niedrigen Einkommen der 50er-Jahre in Beziehung gesetzt werden. Hier als Beispiel das Speisenangebot im Winter 1953 im Express-Buffet, Ecke Griesplatz und Brückenkopfgasse. Fernab der neuen Küchen- und Kochkultur gab es eher ein einfaches, traditionelles Angebot.

Für Sicherheit und Ordnung

Im Wechsel von Organisationen, Aufgaben, Zuständigkeiten, Namen, Titeln und Uniformen spiegelt sich die nicht ganz einfache Geschichte der Polizei in Graz.

Mit Charme und Konsequenz im Verkehrsüberwachungsturm am Joanneumring, 1956.

Die innere Sicherheit und Ordnung, also das, was heute zu einem großen Teil Zuständigkeit der Polizei ist, stand in der Grazer Geschichte lange im Spannungsfeld unterschiedlicher Interessen und Autoritäten. Der Landesfürst, die Landstände, der Magistrat, die Bürger, der Adel und die Geistlichkeit nahmen mehr oder weniger Einfluss auf die Rechtsordnung und schützten so ihre Privilegien. Um 1580 wurde in Graz vom Magistrat eine 18 Mann starke Stadtwache aufgestellt. Ihre Aufgabe war insbesondere die Bewachung der Stadttore und des städtischen Teils des Schloßbergs (Bürgerbastei). Die schlecht bezahlte Stadtguardia konnte auf heute irreguläre Weise ihr Einkommen verbessern. Um 1700 gab es

Sicherheitswachebeamter der Diensthundeabteilung, 1953.

zusätzlich eine Regierungsguardia des Landesfürsten. Wie zu erwarten war, kam es zwischen den beiden Ordnungseinheiten zu Konflikten. Darauf folgte – zum Nachteil und Ärger der Stadt und ihrer Bürger – eine Zeit der Hoheit des Militärs über die Stadtwache. Neben der an Mannstärke angewachsenen Stadtwache gab es noch kleine Einheiten als Nachtwächter und Feuerrufer sowie eine Wache für den Marktrichter (Marktaufseher) und Platzaufseher. In der Regierungszeit Maria Theresias erfolgte eine Neuordnung im Sinne eines Zentralstaates. So fiel 1775 das kirchliche Asylrecht. Unter ihrem Sohn Josef II. wurde die Vereinheitlichung der Sicherheitswache, nun Polizei, fortgesetzt. Es folgte eine klarere Trennung der Zuständigkeit zwischen Verwaltung, Gericht und Polizei (Gewaltentrennung). Aber auch später gab es Kompetenzprobleme. Die Interessen von Staat, Militär, Land und der Stadt waren manchmal recht unterschiedlich. Von den Interessen der Grazer Bürger ganz zu schweigen. Das Grazer Bürgercorps, dessen Aktivitäten über mehr als 700 Jahre hinweg Bürgersinn dokumentierten, übernahm hin und wieder auch polizeiliche Aufgaben.

Gemeinde – Land – Staat?

1867 übertrug der Staat wieder einmal der Gemeinde die Aufgaben der Sicherheitspolizei. Doch die hohen Kosten für die 1919 zuletzt 334 Männer des Polizeidienstes ließen die Sicherheitsaufgaben wieder auf den Staat übergehen. Die Stadt musste sich mit einem hohen jährlichen Betrag freikaufen. Wegen der folgenden hohen Inflation war dies allerdings ein gutes Geschäft. Der Gemeinde Graz blieb die städtische Finanzwache, deren Hauptaufgabe

Die berittene Polizei wurde in Graz Ende 1950 aufgelöst.

Für Sicherheit und Ordnung 141

Die Polizei übernimmt 1961 voll Stolz ihre neuen Puchautos.

die Kontrolle und das Inkasso von Abgaben an der damaligen Stadtgrenze (Pflastermaut, Mautämter) war. Diese Maut war höchst unbeliebt, und die rund 150 Finanzkontrolleure mit ihren grünlichen Uniformen wurden als „Spinatwachter" verspottet.

Die Polizei war in der Ersten Republik ein Teil der Staatsmacht und damit in den innenpolitischen Konflikt hineingezogen. Im Nationalsozialismus wurde die Polizei ein Teil der bewaffneten Macht. Gefürchtet war damals die Geheime Staatspolizei (Gestapo). Die einstigen Konfliktbühnen zwischen Polizei und Bürger, zwischen dem Einflussnehmen von Stadt, Land und Staat, sind heute verschwunden. Die Einschätzung der Polizeiaktivität zwischen zu wenig und zu viel gibt es aber auch noch heute. Auch zeigen manche Graffiti verschlüsselt („1312") die Distanz einzelner Gruppen zur Polizei. Aber nicht einmal die Polizei können alle lieben.

Viel Wandel, viele Standorte, viele Uniformen

1784 entstand in Graz eine Sicherheitsbehörde, die als Beginn einer Entwicklung zur heutigen Polizei zu verstehen ist. Kurz war diese Polizeibehörde in der Raubergasse

Weder Polizei noch Militär, aber in seiner langen Geschichte hin und wieder doch: das Grazer Bürgercorps, um 1930.

In den ersten Jahren der Zweiten Republik war die Grazer Polizei noch an militärischen Vorbildern orientiert. Hier ein Aufmarsch am Hauptplatz.

Eine gemischte Patrouille von Polizei und Militär Ende des 19. Jahrhunderts vor der Herrengasse. Sozialer Aufstieg und wirtschaftlicher Erfolg kennzeichneten diese Jahre genauso wie politische Konflikte.

angesiedelt, dann am Fliegenplatzl (ab 1908 Glockenspielplatz). Es folgte die Polizeidirektion am Postplatz (Stubenberggasse), in der Burggasse und in der Neugasse (Hans-Sachs-Gasse). 1922 übersiedelte die Polizeidirektion in die zuvor vom Allgemeinen Krankenhaus genutzten Gebäude in der Paulustorgasse, also ins Palais Wildenstein und seine Nebengebäude. Viele Einrichtungen der Polizeidirektion sind nun seit etlichen Jahren in der neuen Polizeiinspektion West (Karlauerstraße) zu finden, andere noch immer zwischen der Passamtswiese (Platz der Versöhnung) und der Sauraugasse.

Nach dem Zweiten Weltkrieg gab es nur mehr in Graz eine Reiterstaffel. Diese wurde Ende 1950 aufgelöst. Die typischen Reithosen und der Rang des Rittmeisters blieben aber noch eine Zeit lang erhalten. Auf die Pferde folgten Motorräder der Marke Harley-Davidson.

Die Polizeidirektionen kamen 1848 in einen offenen Konflikt mit ihren Bürgern. Als Reaktion entstand 1849 aus dem Militärstand neben der Polizei (Städte) eine zweite öffentliche Ordnungseinheit, die Gendarmerie. Diese war bis 1938 auch für die Gemeinden rund um das alte Graz, also z. B. für Andritz oder Gösting, zuständig. Am Karmeliterplatz war das ehemalige Karmeliterkloster und gegenwärtige Landesarchiv von 1927 bis 1977 Landesgendarmeriekommando. Die Gendarmerie bildete mit ihrer „B-Gendarmerie" ab 1952 den Grundstock für das Bundesheer (ab 1955) der Zweiten Republik. 2005 wurde die Gendarmerie wiederum mit der Polizei vereinigt.

Haushohe Flammen …

… am 26. August 1964 in Graz. Vor mehr als 55 Jahren kam es nahe dem Südtirolerplatz zu einer Brandkatastrophe. Trotz einiger Verletzter und eines enormen Sachschadens kann man von einem „Glück noch …" sprechen.

Das Hotel Wiesler und das Haus Grieskai 4 mit zerstörten Fassaden.

Um 6.05 Uhr früh fuhr eine Straßenbahn der Linie 3 von der Murgasse kommend über die Hauptbrücke und überquerte vor dem Südtirolerplatz die Verbindung von Lendkai und Grieskai. Zur gleichen Zeit fuhr ein Tankwagen vom Norden (Lendkai) kommend mit 13.400 Litern Benzin im Anhänger auf jene Kreuzung zu. Was zu befürchten war, trat ein. Der Lkw missachtete den Vorrang der Straßenbahn, und diese rammte den Tankwagen. Der Anhänger voll Benzin stürzte um, und das auslaufende Benzin fing Feuer. Die Flammen schlugen laut Medien vier Stockwerke hoch, und die schwarze Rauchwolke, höher als der Schloßberg, war bis weit ins Umland zu sehen. Der Tramwayfahrer und zwei seiner

Ob „Käfer" oder „Jaguar": Brandruinen vor dem Restauranteingang des Hotels Wiesler.

Fahrgäste wurden schwer verletzt, zumindest 13 andere leicht. Der Lkw-Fahrer lief in Panik davon. Er stellte sich dann aber der Polizei und wurde in Haft genommen. Fast wäre auch noch eine von Westen kommende Straßenbahn der Linie 2 in den Zusammenstoß verwickelt gewesen.

Der Schaden war enorm. Die Fronten der Häuser Grieskai 2 und 4 brannten. In Geschäften, Büros und Wohnungen kam es zu schweren Schäden. In der Drogerie „Zum schwarzen Hund" und im benachbarten Teppichgeschäft gab es schwere Sachschäden. Besonders zwei Wohnungen waren zerstört. Dort verbrannten Möbel, Teppiche und Bücher und auch ein wertvolles Bild des Barockmalers Ignaz Flurer.

Lobenswert war der Einsatz der Taxifahrer, welche die Rettungskette aktivierten und Erste Hilfe leisteten. Rettung, Feuerwehr und Polizei erhielten von den Betroffenen und den Medien viel Anerkennung. Fachleute stellten fest, dass sie eine Katastrophe solchen Ausmaßes noch nie erlebt hätten. Es gab die hilflos klingende Feststellung, dass man „Unfälle gesetzlich nicht ausschließen" könne. Wohl aber wurde schon damals die Überlastung von Fernfahrern diskutiert.

Auch am benachbarten Haus Grieskai 4–8 (Hotel Wiesler) entstand Sachschaden. Der Portier Franz schrie „Feuer" und weckte die Gäste. Diese wurden auf Balkonen und an Fenstern Zeugen des Brandes. Die Polizei bestätigte, dass es zu keiner Panik kam und die Hotelgäste kurz später hinter einer geschwärzten Fassade beim Frühstück saßen. Vier vor dem Hotel geparkte Autos brannten aus, darunter ein Wagen der Marke Jaguar und ein Lancia.

54 Stunden nach dem folgenschweren Zusammenstoß kam es neuerlich zu einem Brandalarm. Ein Glutnest im Trambaum des Plafonds im

zweiten Stock des Hauses Grieskai 2 hatte den Alarm durch Rauch ausgelöst. Erst danach gab es ein endgültiges „Feuer aus".

Wer und was hat Mitschuld?
Anteil an der Schuld hatten auch die beamteten und politischen Funktionäre der Stadt Graz. Warum gab es bei dieser höchst gefährlichen Kreuzung keine Ampel? Warum zögerte man so lange, den Verkehr von der dafür ungeeigneten Lendkai–Grieskai–Lendplatz-Strecke auf eine Gürtelstraßenlösung zu verlegen?

Der Führerstand der Straßenbahnlinie 3 nach der Kollision.

Um die Verkehrsführung im Graz der 60er-Jahre zu verstehen, eine Erklärung: Es gab damals keine direkte Nord-Süd-Straßenverbindung durch Graz und schon gar nicht den Plabutschtunnel. Der lokale, aber auch der regionale und internationale Verkehr führte über die Wiener Straße zum Kalvariengürtel und bog dann in Richtung Lendkai ab. Weiter fuhr die Mehrheit der Fahrzeuge vom Grieskai rechts in die Brückenkopfgasse. Am Griesplatz konnte man nach Bedarf wählen. Wer nach Süden wollte, konnte in Richtung Triester Straße abbiegen. Wer in Richtung Klagenfurt wollte, der setzte die Fahrt über die Rösselmühlgasse zur Kärntner Straße fort. Der Eggenberger Gürtel, eine Ausbaustrecke der Zeit um 1900, endete bei der Josef-Huber-Gasse. Dazu waren die 60er-Jahre die Zeit der Gastarbeiterroute, was den Verkehr zeitweise extrem verstärkte.

Die Folgen
Die juristischen und finanziellen Folgen des Zusammenstoßes beschäftigten Sachverständige, Gerichte und Versicherungen. Sowohl der Lkw-Fahrer als auch der Straßenbahnfahrer wurden damals angeklagt. Der eine, weil er den Vorrang missachtet hatte, der andere, weil er auf

seinen Vorrang bestanden und nicht versucht hatte, die Kollision durch eine Notbremsung zu vermeiden. Beide waren schneller unterwegs, als es der Rechtslage angepasst gewesen wäre. Deshalb wurden beide schuldig gesprochen. Rudolf Watzinger vom Tramway-Museum in Mariatrost meinte dazu, dass es beim Urteil auch um den Zugriff auf Versicherungsbeträge gegangen sei. Der Lkw war nur mit 180.000 Schilling versichert, die Verkehrsbetriebe mit 600.000. Der Schaden betrug aber 12 bis 15 Millionen Schilling. In langwierigen Verhandlungen zwischen den Gerichtsinstanzen, den Versicherungen und den Geschädigten wurde schließlich eine Lösung gefunden.

1965 wurde die kritische Kreuzung entschärft und die neue schmucklose Hauptbrücke (2009: Erzherzog-Johann-Brücke) fertiggestellt. Die längst fällige Verbindung der Gürtelstraße vom Eggenberger Gürtel nach Süden verlagerte den Hauptverkehr, auch als eine Folge jenes Unfalls, vom rechtsseitigen Kai und dem Griesplatz auf einen leistungsfähigen Verkehrsträger. So gesehen war trotz der Verletzungen und des Sachschadens das Schlagwort „Ein Glück noch ..." berechtigt.

Flammen und Rauch am Grieskai.

Brandschaden vor dem Haus Grieskai 4.

Von Besen, Kübeln und Fässern

Das Grundproblem war immer das gleiche: Wie wird man etwas los, was man nicht mehr brauchen kann? Art und Qualität der Antwort haben sich geändert, die Frage nach dem einzig richtigen WIE blieb jedoch.

Vor Jahrzehnten reichten noch ein Reisigbesen und 1 PS. Dafür gab es Mitarbeiteruniformen.

Mur, Bäche und die Mühlgänge waren im alten Graz sehr praktisch. Sie gaben nicht nur Wasser, manchmal sogar zu viel, sondern sie entsorgten durch Jahrhunderte auch den Abfall. Hin und wieder meint man auch heute noch, dass die Mühlgänge Müllgänge wären. Auch die Mur ist bis in die Gegenwart nicht so ganz belastungsfrei, wie zu wünschen wäre. Die Bäche innerhalb der Stadt, aber auch der Regen und schließlich der Besen waren die Entsorgungshelfer der Vergangenheit. Meist sollte jeder „vor der eigenen Tür kehren", und trotzdem blieb vieles einfach liegen.

Glaubt man Gustav Schreiner in seinem „Grätz"-Buch (1843), dann gab es vor der Mitte des 19. Jahrhunderts einen Quantensprung in der Verbesserung bei der Straßenreinigung. Was zuvor einfach auf die Straße fiel oder aus und von den Häusern geronnen ist, wurde nun durch Kanäle und Straßenreinigung entsorgt. Sechs private und ein kommunaler Sturzplatz nahmen nun die Abfälle auf und kompostierten sie zu Dünger.

Um 1900: Drei Hüter der kommunalen Sauberkeit mit ihren klassischen Geräten.

So ganz hat das aber trotzdem nicht funktioniert. Schreiner schreibt über den Gestank und dass „Grätz sich nicht nachrühmen könne, zu den reinlichsten Städten zu gehören".

Die Fasslwirtschaft

Manch ein Hausherr zeigt nun stolz die Fasskammer im Keller seines Altstadthauses. Nein, da gab es in den meisten Fällen keine Weinfässer, sondern fassweise gesammelt und wenig gut riechend die teilweise flüssigen Abfälle und Reste der Haushalte. Die Fässer wurden einst mit Hilfe von Seilen hochgezogen, und selten findet man noch Metallringe, welche die Seile sicherten. Ein Beispiel dafür gibt es im Hof des Hauses Sporgasse 22 (Deutscher Ritterorden). Ein Fuhrwerk holte dann die Reste. Was halbwegs dafür geeignet war, etwa in Hotels und Gasthäusern, wurde an Schweine verfüttert. Die Fasswirtschaft war übrigens ein Fortschritt gegenüber den noch älteren Senkgruben mit ihrer gelegentlichen Entleerung.

Im 19. Jahrhundert und bis 1909 war ein Teil der Reinigung (Kehrichtabfuhr) Aufgabe von Firmen. Nun übernahm die Gemeinde selbst diese Aufgabe. In dieser Zeit entstand der neue Fuhrhof (1909) des

Von den 20er-Jahren zu den 60er-Jahren: ähnliche Lösungen bei verbesserter Technik.

Magistrats nahe der Sturzbrücke (1906, siehe Sturzgasse). Über diese wurde, damals als fortschrittlich eingestuft, noch immer die Mur belastet. Im Fuhrhof standen zum Abfuhrdienst 220 Mitarbeiter, 80 Wagen und 130 Pferde zur Verfügung.

Die städtische Kanalbrigade nahe dem Ostbahnhof in den 30er-Jahren. Pfeifenrauch sollte den Gestank neutralisieren.

Ab 1912 plante man durch die Errichtung von Schwemmkanälen, die stinkende Fasslwirtschaft abzuschaffen. Aber allein schon die Schwemmkanalisation der Ersten Republik brachte ab 1925 einen großen Fortschritt bei der Entsorgung. 1928 war das linke Murufer (Bezirke I–III, VI) weitgehend an das Kanalnetz angeschlossen. Das übrige Graz folgte in den nächsten Jahren. Die Stadterweiterung von 1938 brachte auch eine Erweiterung der kommunalen Serviceleistungen.

Zweimal Köln

Die Stadt Köln hat zwei wichtige Beiträge im Zusammenhang mit Gerüchen geliefert. Der eine war das Kölner Duftwasser der Marke „Eau de Cologne 4711". Der andere waren die Koloniakübel/Coloniakübel. Die Einführung großer Metallkübel mit einem gut schließenden Deckel und ihrer Ausrüstung für den Transport und ein leichteres Entleeren kam über Köln und Wien auch nach Graz.

Die zweite Hälfte des 19. Jahrhunderts brachte Graz starkes Bevölkerungswachstum und Industrialisierung und damit große Herausforderungen in der Verwaltung und im Umweltbereich. Damals erfolgte für die Stadt eine „Hygienisierung", etwa durch Impfungen, Hygieneunterricht in Schulen und nicht sehr beschränkende einschlägige Auflagen für die Wirtschaft.

Lagert das Gestern noch im Heute?

Ein Beispiel für die alten, vom Inhalt her eher harmlosen Mistgruben war der heute als kleine Grünanlage gestaltete Schillerplatz im bürgerlich

Ende des 19. Jahrhunderts war der Schillerplatz eine Müllgrube. Gemeinsam mit der folgenden Neugestaltung als bürgerlicher Wohnbereich entstand hier ein kleiner Park.

geprägten Herz-Jesu-Viertel. Weit weniger harmlos waren die Industrieabfälle, besonders ab der Mitte des 19. Jahrhunderts. Die Farbenfabrik Zankl, eine der größten einschlägigen Fabriken des alten Österreichs, produzierte in der Wienerstraße selbstverständlich neben Farben auch reichlich Chemieabfälle. Die fast benachbarte Farbenfabrik Reininghaus war zwar deutlich kleiner, aber auch hier gab es Produktionsreste.

Wo diese endgelagert wurden, kann nur spekuliert werden. Etwa haben sich die der Mur nahen Sandgruben als Lager angeboten. Auch die Göstinger Glasfabrik, die im Bezirk Eggenberg stand, war beispielsweise ein aus heutiger Sicht gefährlicher Abfallproduzent. Ebenso sind die Lederfabriken Rieckh (Idlhofgasse) oder der Brüder Steiner (Körösistraße) in diesem Zusammenhang zu nennen. Von den großen Mülllagern nun zu den kleinen, nicht weniger kritischen. Fotografen, Putzereien und Färbereien entsorgten ihre Chemie häufig im Hof oder Keller. Das ist natürlich heute nicht mehr so, aber Folgen gab es und gibt es mitunter bis heute.

Zusammenfassend kann hier geschrieben werden, dass die Müllentsorgung in Graz über die Jahrhunderte immer besser funktionierte. Aber die Müllberge werden immer höher und der Aufwand zu ihrer Beseitigung wird immer größer. Aber das liegt zum Teil auch an uns!

Um 1960 erfolgte auch am Hauptplatz die Straßenreinigung noch auf händisch klassische Weise.

Weihnachten 1970

Blickt man in einer Zeitreise zurück zu den Weihnachtstagen des Jahres 1970, so kann man vieles finden, das trotz der 50 vergangenen Jahre gar nicht so fremd ist. Dies, weil Weihnachten eben Weihnachten ist. Anderes von einst ist uns aber heute fremd.

Der Kapaunplatz zur Weihnachtszeit; Verena Vanzluga, 1978.

Na nicht! Auch 1970 gab es zu Weihnachten Ehrungen, Ernennungen, Ansprachen, religiöse und weltliche Feiern, Geschenke, Überraschungen und mahnende Worte. Die ÖVP-„Tagespost" fragte: „Weihnachten nur Fest für Kinder?", und verneinte dies erwartungsgemäß. Die Konjunktur der 1970er-Jahre versprach ein gutes Weihnachtsgeschäft, und es gab Proteste der Bauern wegen ihrer Milchabgeltung. Der vorweihnachtlichen Frage nach dem Schnee folgte unmittelbar danach kräftiger Schneefall mit der finalen Aussage: Was übrig blieb, war Matsch.

Bekannte und Unbekannte

1970 wurde die Bundespolitik von Bruno Kreisky gelenkt, Josef Krainer der Ältere führte als Landeshauptmann die Steiermark, und in Graz war Gustav Scherbaum (SPÖ) unser Bürgermeister, seine Stellvertreter waren Josef Stöffler (ÖVP), Karl Stoiser (SPÖ) und Alexander Götz (FPÖ). Als 56. Bischof der Diözese Graz-Seckau wirkte Johann Weber.

Das Weihnachtsangebot 1970 zum Preisvergleich.

Die „Goldene Kamera" erhielt 1970 Teddy Podgorski. Heinz Conrads, Maxi Böhm, Karl Farkas und Ernst Waldbrunn waren ungeheuer populär. Als Sportler des Jahres wurden Karl Schranz, Ilona Gusenbauer und das Paddlerteam Pfaff/Seibold geehrt. In Graz gedachte man oft Jochen Rindts, der Anfang September verunglückt war. Die Fußballtabelle führte Salzburg vor Rapid an, Sturm-Durisol lag Ende Dezember auf Platz neun und GAK-Marvin auf Rang zwölf. 1970 wurden die erfolgreichen Filme „Airport" und „Planet der Affen" gedreht. Die Weihnachtsfilme in Graz waren nicht so prominent. In der Thalia, damals unserem größten Kino, konnte man die „Gnadenlosen" sehen, im Annenhof die „Lady in Zement", und das „Opernkino" zeigte nachmittags „Pippi im Taka-Tuka-Land" und am Abend „Für ein paar Dollar mehr". Im Girardi gab es den „Gendarm von St. Tropez", im Union als Weihnachtsprogramm „Fünf blutige Stricke" und im unsolid gewordenen Non-Stop-Herrengasse „Ich spüre deine Haut". Das Fernsehen zeigte am 24. „Lilien auf dem Felde" mit Sidney Poitier und den „Feldherrnhügel" mit Attila Hörbiger. Seit Kurzem gab es auch ein zweites TV-Programm, das von 18 bis maximal 23 Uhr sendete.

Medien: „Tagespost" und „Neue Zeit"

Die „Neue Zeit" gab gut gemeint und nicht sehr originell den Autofahrern den Rat „wenig Gas geben, hartes Bremsen vermeiden und weiches

Kurz nach Weihnachten 1970 gab es Schnee in Graz.

Schalten". Die „Kleine Zeitung" überraschte mit der Feststellung, dass Silber-Kurs-Münzen über 100 Prozent (!) an Wert verloren hätten. Die „Tagespost" stellte fest, dass Fertiggerichte das Familienleben zerstören. Wie damals üblich, gab es in den Tageszeitungen Fortsetzungsromane. In der „Keinen Zeitung" konnte man die Hildegard-Knef-Biografie „Der geschenkte Gaul" lesen, in der „Tagespost" gab es auf Raten den „Heißen Sand" von C. C. Bergius. Erwähnenswerter ist jedoch der Beitrag unter dem Titel „Ich gehe fremd durch die Stadt". Sehr vorsichtig wird hier Kritik an den Neubauten der letzten Jahre geübt. Nur die „Neue Zeit" berichtete ausführlich über den Protest der Katholischen Arbeiterjugend, die am Hauptplatz frierend und hungrig gegen die Not in der Welt demonstrierte. Der 1970er-Nostalgiegeneration sind Namen wie Sepp Trummer, Ewald Autengruber und der Ombudsmann Egon Blaschka ein Begriff. Die „Neue Zeit"-Leser liebten die Redaktionskatze Uschi.

Zu Weihnachten 1970 wurden im Opernhaus „Rigoletto" und „Der Graf von Luxemburg", im Schauspielhaus außer dem „Froschkönig" noch „Zwölf Mädchen in Uniform" und „Frühere Verhältnisse" gegeben. Wichtige Stimmen in der lokalen Kulturszene waren Wolfgang Arnold, Kulturredakteur der „Tagespost", und Karl Hans Haysen bei der „Kleinen Zeitung". Eine alternative Kulturwelt drehte sich damals um Wolfgang Bauer und das Forum Stadtpark.

Eine andere Welt

Weihnachten konnte man z. B. nobel im Hotel Steirerhof am Jakominiplatz feiern. Im Restaurant Zum wilden Mann (Jakominigasse) wurde um 140 Schilling ein Silvestermenü angeboten. Der Strom des weihnachtlichen Gastarbeiterverkehrs erschreckte die Grazer. Das Auto des Jahres 1970, ein Citroen GS, kostete 79.000 Schilling. VW entwickelte heimlich ein Auto, das später als Golf I zum Verkaufshit wurde. Kaum zu glauben und doch wahr: Um 1970 konnte man die ersten Quarzuhren kaufen. 1970 gab es noch keine allgemeine Einführung des Handys (Handphone), kurz erst ein Tastentelefon und weder Kabel- noch Satellitenfernsehen. Um +/– 25 Schilling konnte man eine C-60-Kassette des MC-Systems (Musikkassette) erwerben. Noch dominierte die LP, und VHS-Videokassetten kamen erst Ende der 70er-Jahre auf den Markt. Das, was bei uns familiär „Piepserl" (Pager) genannt wurde, verbesserte erst Mitte der 70er-Jahre die Kommunikation. Telefonzellen waren damals noch oft frequentiert. Dem Trend der Motorisierung folgend schrumpfte das Netz der Straßenbahnen. Ab 16. Jänner 1971 gab es auf der Strecke Wormgasse–Hauptbahnhof keinen 2er mehr.

„Wir bleiben unverdrossen!"

Zu Weihnachten 1970 gab es auch internationale Aufreger. In Polen brach das kommunistische System des Wladyslaw Gomulka zusammen, und der Vietnamkrieg dauerte an. 1970 verhandelte man mit Problemen über den Beitritt Großbritanniens zur Europäischen Gemeinschaft. So lebten wir zu Weihnachten 1970 in Graz. Waren Sie damals in Graz? Zuletzt ein auch heute noch aktuelles Zitat aus der Neujahrsansprache 1970 von Josef Krainer sen.: „Wir bleiben unverdrossen!"

Die Geehrten

Wem gebührt in Graz Ehrung oder sogar Ehrenbürgerschaft? Ist sie ewig gültig oder hat sie ein Ablaufdatum? Welche Ehrungen werden in Graz vergeben? Der Gemeinderat hat das Recht, Ehrentitel zu verleihen, Ehrenzeichen der Stadtsenat.

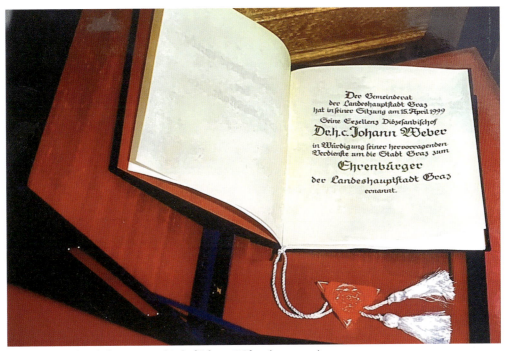

Ehrenbürgerurkunde für Diözesanbischof Johann Weber (1927–2020).

Nur 130 Bürger? Selbstverständlich sind im weiteren Sinn alle Grazerinnen und Grazer Bürger der Stadt. Der spezielle Ehrentitel „Bürger der Stadt Graz" ist aber gegenwärtig nur für 87 Personen zutreffend. In einer feierlichen Gemeinderatssitzung wird den Erwählten diese Ehre zuteil. Da die Höchstzahl von 130 nicht überschritten werden soll, ist die Auswahl verdienter Bewohner von Graz, deren Alter grundsätzlich über 60 liegen müsste, schwierig. Alle zwei Jahre gibt es zehn bis 20 „Nach- bzw. Neubesetzungen". Ein Proporz zwischen Männern und Frauen, Selbstständigen und Angestellten, nach Parteien und Berufen sortiert, soll repräsentativ das Spektrum der um die Stadt Verdienten darstellen. Eine

Urkunde zur Ernennung zum „Bürger der Stadt Graz". Gegenwärtig tragen nur 87 Grazer diesen Ehrentitel.

objektive Bewertung und Reihung der Verdienste der so Geehrten ist nicht möglich. Aber auch die subjektive Auswahl würdigt Persönlichkeiten. Wer sind nun die Erwählten? Für jetzt und einst können die Namenslisten im Internet (graz.at) eingesehen werden.

Ehrenbürger

Eine Steigerung der „Graz-Bürgerschaft" ist die „Graz-Ehrenbürgerschaft". Auch hier gibt das Internetportal der Stadt Auskunft. Zumindest bei den lebenden Ehrenbürgern Alt-Bundespräsident Heinz Fischer, Landeshauptmann a. D. (offizieller Titel ist männlich) Waltraud Klasnic, Alt-Bürgermeister Alfred Stingl, Unternehmer Helmut Marko und Alt-Bischof Egon Kapellari.

Eine längere Liste der verstorbenen Ehrenbürger wäre wünschenswert. Hier drängt sich die Frage nach der Dauer einer Ehrenbürgerschaft auf. Variante 1: Mit dem Tod erlischt diese Ehrung, also bestenfalls gibt es einen ehemaligen Ehrenbürger. Variante 2: Die Ehrung überlebt ihren Träger: einmal Ehrenbürger ist gleich immer Ehrenbürger. Variante 3: Wer uninteressant oder unwürdig wird, der darf, auch nach seinem Tod, gestrichen und vergessen werden. Wer interessant ist und der Stadt auch posthum Ehre macht, der bleibt! Mit der Bemerkung „Auswahl" in den Internetlisten bekommt die Variante 3 fast Rechtsgültigkeit. Peter Rosegger bleibt, Hans Kloepfer, na ja, Generaloberst Eduard Dietls Ehrenbürgerschaft wurde 1990 aberkannt. Über 60 Ehrenbürger der Vergangenheit fallen der Vergessenheit anheim. Fürstbischof Pawlikowski wurde 1937 zum Ehrenbürger ernannt, 1938 verlor er diesen Titel, 1953 erfolgte die Wiederverleihung. Auch der Minister und Landeshauptmannstellvertreter Egon Berger-Waldenegg verlor 1938 seine

Das Ehrenzeichen der Stadt Graz gibt es in zwei Klassen.

  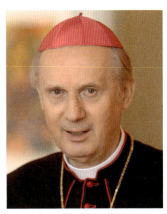

Der Lokalpolitiker und Reichsratspräsident Dr. Karl Rechbauer (1815–1889) wurde als 61. zum Grazer Ehrenbürger ernannt.

Univ.-Prof. Hanns Koren (1906–1985), Kulturpolitiker und Volkskundeprofessor und seit 1981 Grazer Ehrenbürger.

2021 erhielt Alt-Bischof Egon Kapellari die Ehrenbürgerschaft.

Ehrenbürgerschaft. Burgschauspieler Willi Thaler und Bildhauer Gustinus Ambrosi konnten damals ihren Ehrentitel behalten.

Bekannte und Unbekannte

Der erste Graz-Ehrenbürger, der ausfindig gemacht werden konnte, war 1724 Dr. Josef Franz Grasser, der sich – so wörtlich im „Grazer Tagblatt" von 1891 – „bei diesem Stadtgerichte in Abführung einiger Criminalprozesse gebrauchen ließ". Ein Schelm, wer sich da etwas Böses denkt! Grasser folgten als Ehrenbürger bis gegen Ende des 19. Jahrhunderts zumindest 65 andere Träger dieses Titels. Insgesamt sind es heute deutlich mehr als 100. Viele von ihnen waren hohe Beamte, ehemalige Bürgermeister und auch niedrigere Beamte. Etlichen wurden auch Straßennamen gewidmet (Attems, Auersperg, Frankh, Kaiserfeld, Kink, Mandell, Radetzky, Rechbauer, Scherbaum, Ulm, Villefort, Wartinger, Wickenburg). In vielen Fällen sind die besonderen Leistungen für Graz nachvollziehbar, oft aber auch nicht. Johann Pertram hatte sich beispielsweise als unentgeltlicher Dolmetscher bei der Besetzung durch französische Truppen 1806 seine Ehrung verdient. Ignaz Kollmann war ständischer Schreiber und Bibliothekar am Joanneum. Auch bei einigen Exzellenzen drängt sich die Frage nach ihren speziellen Verdiensten um Graz auf. So konnten besondere Verdienste des Grafen Friedrich Beust (Außenminister und Reichskanzler) um Graz nicht gefunden werden.

Dass unter den rund 4000 Ehrenbürgerschaften für Adolf Hitler 1938 auch die „Stadt der Volkserhebung" dabei war, verwundert nicht. Er war auch nicht der einzige „Große" dieser unglücklichen Zeit, der so geehrt wurde. Eher wundern die unbeholfenen Dementis zu diesen Ehrungen. Formal entledigte sich Graz (1945, 1960) mit einer juridischen Erklärung zur Ungültigkeit.

Ehrenring verbindet

Eine andere Form der Ehrung ist seit 1954 die Verleihung eines Ehrenringes. Bis 2020 wurden 115 solcher Ehrenringe vergeben. Sieben davon an Frauen, so an Maria Pachleitner, Grete Schurz und Christa Neuper. Das Internet verrät nur eine Auswahl der so Geehrten. Einer von ihnen war der Dirigent Nikolaus Harnoncourt, andere sind Karlheinz Böhm und Emil Breisach sowie der Motorenindustrielle Helmut List und die beiden ihr Leben lang mit Graz beschäftigten Fritz Popelka und Max Mayr. Arnold Schwarzenegger gab 2005 seinen 1999 verliehenen Ring, um einer Aberkennung zuvorzukommen, zurück. 2017 erhielt er den Ehrenring des Landes Steiermark.

Graz kann auch Ehrenzeichen vergeben. Diese gibt es in Silber und Gold, einst auch in Bronze. Alters- und Ehejubilare werden von der Stadt geehrt.

Eine andere Form der Ehrung erhalten die unter dem Stichwort „Wikipedia, Liste von Persönlichkeiten der Stadt Graz" zu Findenden. Wer bisher keine offizielle Ehrung durch die Stadt erfahren hat, kann womöglich unter Wikipedia „Söhne und Töchter der Stadt Graz" gefunden werden. Diese Liste ist allerdings sehr „zeitgeistig".

Eine folgende Liste beinhaltet „weitere Persönlichkeiten mit Bezug zu Graz". Durch eine eigenartige Auswahl, die Ordnung nach dem Geburtsjahr und eine Gewichtung auf die Gegenwart ist der Wissensgewinn bescheiden. Diese Wikipedia-Einträge sind ergänz- und korrigierbar! Aber wer sucht, der findet! Meistens zumindest!

115 Ehrenringe wurden seit 1954 durch die Stadt Graz verliehen.

Vielfalt und Einheit

Wo wohnen Sie? Wie würden Sie die Lage Ihres Wohnhauses beschreiben? In der außereuropäischen Ferne wäre womöglich der Unterschied zwischen Austria und Australia zu erklären. Aber für Graz-Besucher sind charakteristische Details der Stadt von Bedeutung.

Stadtblick. Vom Turm der Herz-Jesu-Kirche auf die gründerzeitlichen Miethäuser in der Nibelungengasse und auf die Villen am Ruckerlberg, um 1920.

Graz ist eine kommunalpolitische, aber auch eine soziale und historische Einheit. Die gegenwärtige Bezirkseinteilung stammt aus dem Jahr 1946, Puntigam wurde erst 1988 zu einem eigenen Bezirk. Der heutige Bezirk Andritz beinhaltet die ehemaligen Gemeinden Andritz und St. Veit und ein Stück von Weinitzen. Geht man weiter in der Geschichte von Andritz zurück, dann findet man die Gemeinden Ober- und Unterandritz. Bei der Zusammenlegung der beiden Gemeinden kam man nicht auf die Bezeichnung Andritz, sondern einige Jahre trug die Gemeinde den Namen Unterandritz. Die Unterandritzer hatten auf dieser Lösung bestanden, da sie mehr Bewohner als die Oberandritzer hatten. Auch Liebenau, nun der VII. Stadtbezirk, hat keine einfache Geschichte. 1938 wurden die

Homogen. Eine typische Vorstadtsiedlung nahe der Kreuzung Harterstraße und Straßganger Straße.

Gemeinden Liebenau, Engelsdorf, Murfeld, St. Peter sowie Teile von Messendorf und der Süden des Bezirks zum Bezirk Graz-Südost der Gauhauptstadt vereinigt. 1942 kam, um von der Steuer des großen Rüstungsbetriebs Steyr-Daimler-Puch zu profitieren, noch der Nordteil der Gemeinde Thondorf zur Stadt.

Ich wohne ...

Voll Stolz kann man seinen Wohnplatz beschreiben – oder aber man ist vorsichtig distanziert. Man wohnt „bei" oder „gegenüber" (vis-à-vis) oder aber auch „am" und „in". Die oft geleugnete Unterscheidung der Grazer vom linken und rechten Murufer ist trotz vieler Ausnahmen noch immer deutlich merkbar. Das neue Bürgertum siedelte sich ab der Mitte des 19. Jahrhunderts bevorzugt in den Bezirken St. Leonhard, Geidorf und

Straßgang. Noch in den 1960er-Jahren konnte man den ehemals dörflichen Charakter von Straßgang erkennen. Hier der Blick von der Gradnerstraße in Richtung Pfarrkirche.

Vielfalt und Einheit   161

Papierfabrik. Nur mehr der Gassenname erinnert heute an den Betrieb. Hier die Papierfabrik in Richtung Mur um 1910. Nun befindet sich an dieser Stelle die Siedlung Am Arlandgrund.

Jakomini an. Damit war auch die Mehrheit der Einrichtungen der Verwaltung, Bildung und Kultur hier konzentriert.

Jüngere Siedlungen haben oft einen Sammelnamen wie der Berlinerring oder die Bischofsiedlung. Wenn den Projektentwicklern heute der Name Wagramer Weg zu wenig attraktiv ist, wird eben das Brauquartier daraus. Die neue Zeit ist auch mit der Geschichte der Reininghausgründe verbunden. Warum gerade dort der Renaissancebaumeister Domenico dell' Allio (siehe Landhaus) seinen verdienten Straßennamen bekam, bleibt mir ein Rätsel. Aber besser dort als gar nicht. Geschönt wurde einst aus den Steinäckern der Sternäckerweg. Ruckerlberg und Rosenberg sind natürlich höchst honorable Adressen. Hier hängen Ansehen, Grundstückspreis und Miethöhe eng zusammen. Oft ist aber der Wohnplatz nicht das Ergebnis freier Wahl, sondern das Spiegelbild eigener Möglichkeiten.

Namen prägen Bilder

Klammert man andere Lebensumstände aus, so prägt Zufriedenheit mit den Wohnverhältnissen Identität. Der Satz lässt sich aber auch so lesen:

Griesplatz aus der Luft, 1987.

Identität prägt Zufriedenheit. In der Stadt leben – und doch fast am Land – schafft meist Zufriedenheit. Die vier Plattenwege (Vorderer, Hinterer, Oberer und Unterer) sind für nicht Ortskundige sicher eine Herausforderung. Der 651 Meter hohe Hügel (300 Meter über dem Niveau der Mur in Graz) signalisiert harmonischen Stadtrand. Die schwindende Natur wird oft durch ihre Namen vertreten. Blumenhang, Birkenweg, Libellenweg und Rehgrund sind nur hübsche Wunschnamen ohne Tradition. Umgekehrt will niemand in der Strafhausgasse wohnen, und deshalb wurde der Name gelöscht. Wie lange es braucht, bis neue Namen im kollektiven Gedächtnis ihren Platz haben, beweisen der Kapistran-Pieller-Platz und die Erzherzog-Johann-Brücke.

Grabenviertel; Josef Kuwasseg, Lampelsuite, 1836.

Ein seltener Blick vom Schloßberg auf den Lendplatz um 1870, rechts unten die Mur.

In unserem Bewusstsein sind die Landschaft und damit auch unser Lebensraum mit Namen beschriftet. Auch die bürokratische Ordnung wünscht hin bis zur Hausnummer und Grundstückbezeichnung identifizierbare räumliche Einheiten. Hausverwalter und Zeitungszusteller lieben sogar Wohnungsnummern. In der jüngeren Geschichte von Graz wechselten mehrfach die räumlichen Bezüge. So konnte sich 1938 zwar die Gemeinde Kainbach ihrem Anschluss an Graz entziehen, verlor aber ihren wichtigen Westteil an die Stadt. Zuerst wollte man den für die Stadterweiterung bedeutsamen Gewinn Kainbach nennen. Die ohnedies durch den Gebietsverlust geschädigte Gemeinde Kainbach protestierte dagegen. Die Bewohner des Stiftingtals waren für den Namen Stifting, die Ragnitztaler für Ragnitz. Der Kompromiss war der durch seine Straßenführung bekannte Höhenzug Ries. 1938 bis 1946 gab es hier aber den Bezirk Graz-Ost, der auch noch Teile von Waltendorf, Hart, St. Peter und St. Leonhard umfasste. Die Einteilung nach Himmelsrichtungen von Groß-Graz tilgte absichtlich traditionelle Bezeichnungen und fand weder bei der Bevölkerung noch bei der Einheitspartei NSDAP Anklang. Erst im Jahr nach 1945 fand man

164   Vielfalt und Einheit

Die Terrassenhaussiedlung in St. Peter, um 1985.

durch einen Gemeinderatsbeschluss teilweise zu den früheren Traditionsnamen zurück.

Die Bauhöhe und die Verbauungsdichte sind in Graz recht unterschiedlich. Die hügeligen Schotterflächen im Osten werden bevorzugt für kleinere Bauobjekte wie Villen und verdichteten Flachbau genutzt. Aus heutiger Sicht wäre das Elisabethhochhaus wohl nicht gebaut worden. Das Projekt der Terrassenhaussiedlung St. Peter (1972–1978) hatte stadtplanerischen Pioniercharakter. Das Wachstum der Stadt an Bewohnern verlangte die starke Neubautätigkeit der Gegenwart. Wie weit viele der Bauten und Siedlungen in künftigen stadt- und architekturkritischen Handbüchern positiv besprochen werden, ist höchst fraglich. Aber selbstverständlich gibt es erwähnenswerte Ausnahmen.

Und zum Schluss nun die einschlägige Frage aller Fragen: Wie würden Sie Ihren Wohnplatz einem Fremden beschreiben?

Geheime Zeichen auf der Wand

Eigentlich sollte alles gut verständlich sein. Manches ist es aber – oft absichtlich – nicht! Hier ein Gang durch ein Graz mit Beispielen von rätselhaften Informationen.

Leonhard Schönhofer lässt 1839 durch Baumeister Georg Lindner auf seinem Gebäude sein freimaurerisches Weltbild dokumentieren (Freiheitsplatz 4).

Im Dom, aber auch mit der Jahreszahl 1453 an der Nordseite des ersten Hofes der Burg (Hofgasse 13–15) sieht man die Buchstabenfolge AEIOU als Devise, Besitz- und Abwehrzeichen Kaiser Friedrichs III. Die Vokale in alphabetischer Reihenfolge ließen den Kaiser in seinem Tagebuch über ihre Bedeutung spekulieren. Auf Deutsch oder Latein wird die Herrschaft Austrias (Haus Österreich?) betont.

Sakralgebäude sind besonders in ihrer Innenausstattung, aber auch von außen voll religiöser Symbole wie dem Christusnamen IHS. Über dem Eingang ins Kloster am Franziskanerplatz befindet sich ein Chronogramm. Zählt man die rot im lateinischen Torspruch hervorgehobenen Zahlen zusammen, so ergeben sie als römische Zahlen 1727.

Geheime Zeichen auf der Wand

Das traditionelle Innungszeichen der Tischler (Sackstraße 22, Ecke Schloßbergplatz).

Zeige dein Wappen!

Viele innerstädtische Häuser, deren Geschichte mit dem Adel verbunden war und ist, zeigen durch ein Familienwappen ihre Eigentümerfamilie. So befindet sich am Fürst Dietrichstein'schen Stiftungshaus (Schlögelgasse 9, Ecke Dietrichsteinplatz) deren Familienwappen (zwei Winzermesser) und, heraldisch rechts davon, das typische Dachsparren-Wappen der Grafen Herberstein. Wappen steirischer Adelshäuser befinden sich auch am alten Eingang zum Joanneum (Raubergasse 10), am Schauspielhaus und im Landhaushof am barocken Trakt der Landstube (Landtag). Das „MS" am Haus Jahngasse 9 bezieht sich auf die Eigentümerin Marie Schenk. Das „MM" im Oberlichtgitter des Kultur- und Literaturhauses (Elisabethstraße 30) weist, genauso wie die Relieffelder, auf die prominente Unternehmerfamilie Mayr-Melnhof hin.

Die Sprache der Bilder

In die symbolbeladene Welt der Freimaurer führt uns das Giebelfeld des Hauses Freiheitsplatz 4, das wir meist als Lambrechterhof kennen. Erbaut wurde es 1839 für Leonhard Schönhofer durch den Baumeister Georg Lindner. Das Stuckrelief zeigt links einen von wilden Tieren verfolgten Knaben. Rechts sieht man einen rauen Stein, einen Genius, den Tempel der Weisheit und Pflanzensymbole. Das Ganze lässt sich als Weg von der Bestialität zur Idealität interpretieren. Auch die herzigen Putti über dem Tor Paulustorgasse 1–3 gehören in das gleiche männerbündische Umfeld.

Nur mehr sehr selten sieht man in Graz die traditionellen Handwerkszeichen, deren Ursprung die Innungs- und Zunftzeichen waren. So kann man am Haus Sackstraße 22 das Zeichen für Tischler finden, auf dem Haus Neutorgasse 26 jenes für Druckereien. Das klassische Symbol für Friseure, eine goldfärbige Barbierschüssel, ist so gut wie verschwunden. Neu ist die Barbiersäule, so zu sehen als Geschäftszeichen in der Neutorgasse 31.

In der Altstadt gibt es auf manchen Häusern alte Nummern, zum Beispiel am Franziskanerplatz 11 die Nummer 337. Das war die Hausnummer des 18. Jahrhunderts, als die Gebäude noch nach Stadtvierteln durchgezählt wurden. Am Oberlandesgericht (Marburger Kai 49) steht noch die alte Nummer 35a für die Stadtkai-Adresse.

Die alte Hausnummer 337 am Gebäude Franziskanerplatz 11.

Studentenverbindungen, es gibt in Graz fast 50 recht unterschiedlicher Art, leben ihre speziellen Traditionen. Dazu gehören ihre „Zirkel" – monogrammartig verschlungene Buchstaben ihres Namens oder ihrer Devise. Beispielsweise sieht man am Glockenspielplatz 7 den Zirkel der ÖCV-Verbindung Carolina und am Haus der Goldenen Pastete in der Sporgasse 28 den Zirkel der B! Stiria.

1909 gegen 1902

Nachvollziehbar ist die fehlende Freude über die meist kunstlosen Hausbeschmierungen. Was dem Täter ein Zeichen persönlichen Darstellungsdrangs ist, ist dem Opfer Schaden und Ärger. Konkurrierende Fußballfans bescheren uns auf Wänden die Jahreszahlen 1902 für den GAK (Grazer Athletiksport-Klub) und 1909 für die Gründung des SK Sturm im Gasthof Schafzahl (Pestalozzistraße 67). Ein Fan von Dinamo Zagreb hat sich in der südlichen Kalvarienbergstraße zumindest kurzfristig verewigt. Ein Logo für einen bulgarischen Fußballklub ist an der Ecke Münzgrabenstraße und Stremayrgasse zu sehen. Die Zahl 1312

Das symbolische AEIOU des Kaisers Friedrich III. mit der Jahreszahl 1453 im ersten Burghof (Hofgasse 15).

beinhaltete eine wenig charmante genealogische Bezeichnung für Polizisten.

Nicht mehr so oft wie vor Jahrzehnten sieht man das A im Kreis der Anhänger der Anarchie („Widerstand gegen jede Regierung"). Politisch aktuell sind beispielsweise mit Schablonen gemalte Graffiti der Kurden (Fellingergasse) oder das Symbol der kämpferischen Feministinnen (Neutorgasse 50).

Mehr als 20.000 Tafeln

Das Wasserwerk der Holding Graz gibt Hinweise auf Leitungen und deren technische Einrichtungen. Zentimetergenau sind z. B. die Orte von Hydranten (H), Klappen (K) und Schiebern (S) markiert. Über 20.000 solch kleiner blauer Tafeln sind in Graz, meist an Hauswänden, montiert. Rot umrandete Tafeln dieser Art geben Hinweise für die Feuerwehr. Das Gaswerk verwendet für seine Anlagen gelbe Schilder. Auch der öffentliche Verkehr, besonders jener der Straßenbahnen, hat seine eigene Zeichensprache. Was einer ihrer Wagenlenker wissen und beachten muss, so Schienenwechsel und spezielle Abbiegeregeln, hängt meist an Drähten, hoch über der Straße.

Wer ein Graffiti als Ausdruck von moderner Kunst im Sinne von Streetart wünscht, kann dieses von Spraykünstlern, die sich im Internet anbieten, bestellen. Was häufiger vorkommt: Wer ein unerwünschtes Spraywerk loswerden möchte, der findet professionelle Helfer, so auch von der GBG (Gebäude und Baumanagement Graz GmbH) der Stadtgemeinde. Abgesehen von nächtlichen Selbstdarstellungen aus der Spraydose gibt es sicher noch andere „geheime Zeichen", die ihrer Entschlüsselung harren. Kennen Sie welche?

Tausende Tafeln geben für Wasserwerk und Feuerwehr Informationen.

Von der Stadtmitte und dem Stadtrand

Von 3:1 zu 1:1. 1938 lebten weniger als 30 Prozent der Grazer in der später (1945, 1946, 1988) folgenden Bezirkseinteilung VII bis XVII. Gegenwärtig haben die Bezirke Liebenau (VII) bis Puntigam (XVII) fast gleich viele Bewohner wie die sechs zentralen Bezirke von der Inneren Stadt bis Jakomini.

Als Wetzelsdorf noch ein Teil der Gemeinde Eggenberg war: das Sanatorium Schweizerhof des Dr. von Scarpatetti, heute der Steiermarkhof.

Die Stadterweiterung im Oktober 1938 brachte Graz eine Flächenvergrößerung von 22 auf 127 Quadratkilometer (inklusive der Erweiterung im Jahr 1942). Der Verfünffachung der Fläche stand eine Vergrößerung der Einwohnerzahl um nur rund 28 Prozent (von 153.000 auf 214.000) gegenüber. Heute lebt in den Bezirken VII bis XVII fast die Hälfte (48 Prozent) der Stadtbevölkerung. Das Bevölkerungswachstum von Graz findet

Noch 1957 steht das Schloss Eggenberg (rechts unten) ein wenig einsam in seinem Bezirk.

Steinbachers Gasthof Binderwirt, Andritzer Reichsstraße 28, 1925.

Der Spitzwirt an der Grenze zwischen Graz und Feldkirchen (KG Puntigam), 1910.

Die Ansichtskarte von 1910 zeigt Straßgang noch als kompakte Ortschaft, umgeben von viel Natur. Der Brand von 1856 verursachte eine vereinheitlichte Bauweise.

also besonders im Randbereich statt, in den äußeren Bezirken. Grund genug, einen illustrierten Blick auf den ehemaligen Stadtrand zu tun. Im Jahr 1938 waren einige der nun zur Stadt gekommenen Gemeinden und Gemeindeteile noch sehr landwirtschaftlich geprägt, andere waren der Grazer Wirtschaftsstruktur ähnlich. Die Marktgemeinde Eggenberg kam mit rund 16.000 Einwohnern und einer fast urbanen Sozialstruktur zu Graz, die Gemeinde Engelsdorf war 1938 noch weitgehend von Landwirtschaft dominiert. Sie brachte kaum mehr als 600 Einwohner zu Groß-Graz und ging nach wenigen Jahren als Teil von Graz-Südost in den neuen Bezirk Liebenau auf.

Die Mariatroster Straße in Kroisbach nahe der St. Johannes-Kapelle, Gemeinde Fölling, um 1920.

Anders als in Wien

Graz konnte den Flächen- und Einwohnergewinn der Jahres 1938 (1942) bewahren. Die Stadt und das Bundesland Wien dagegen mussten wegen der Landesgrenze 1954 dem Land Niederösterreich zwei Drittel der Gesamtfläche, den Großteil der Erweiterung von 1938, zurückgeben. Seit 1890 bemühten sich Graz und seine Politiker aller Richtungen um eine Erweiterung der Stadt. Wie weit die Stadt Graz pfleglich mit ihrem Flächengewinn von 1938 umgegangen ist, müssen die Bewohner von Liebenau ringsum von Alt-Graz bis Puntigam entscheiden. Insgesamt fällt die Bilanz positiv aus. Ein Graz ohne den gegenwärtigen Umfang wäre heute jedenfalls unvorstellbar und kontraproduktiv. In wohlüberlegter Zurückhaltung hat Graz, vertreten durch die dafür verantwortlichen Kommunalpolitiker, bei der jüngsten Diskussion um Gemeindezusammenlegungen auf einen weiteren Gebietsanspruch verzichtet.

Blick von der Riesstraße auf Graz und den Ladenwirt, um 1900.

Etwas Stadt und etwas Dorf: der Waltendorfer Teil der Plüddemanngasse (großes Haus Nr. 32), um 1912.

Im Spiegelbild der Zeitungen

Wenn auch alte Zeitungen unzweifelhaft an Aktualität verlieren, als mediales Dokument des Kurzzeitgedächtnisses haben sie hohen historischen Wert. Blättern wir etwas in drei journalistischen Exoten der Grazer Zeitungsgeschichte.

Vor rund 140 Jahren wurde im „Steirer Seppel", selbstverständlich nur als Faschingsglosse, ein revolutionärer Vorschlag gemacht: Der Schloßberg wird abgetragen und die Mur mit diesem Material überbaut. Dann gibt es keine Probleme mit den Brücken, viel Platz für die Sackstraße, und es braucht dann auch keine Schloßbergbahn und keinen Bergtunnel.

Den nicht mehr ganz so Jungen sind noch die Klassiker der Grazer Tageszeitungen der Nachkriegsjahre in Erinnerung. Nur die „Kleine Zeitung" überlebte, „Neue Zeit" (SPÖ), „Südost-Tagespost" (ÖVP) und „Wahrheit" (KPÖ) erscheinen längst nicht mehr. Neu kam 1972 die Grazer Auflage der „Kronen Zeitung" zu uns.

ANNO macht neugierig

Weiter zurück in der lokalen Mediengeschichte führen uns unter anderem die „Grazer Zeitung" (1775), das „Grazer Volksblatt" (1868), der „Arbeiterwille" (1890), das „Grazer Tagblatt" (1871) und die „Grazer Nachrichten" (1899). Wer in alten Zeitungen lesen will, der bekommt in

Auch vor 140 Jahren liebten die Zeitungen Annoncen für ihre Finanzierung. Die Firmen und die grafische Gestaltung haben sich seither allerdings geändert.

der Landesbibliothek indirekt Zugang. Die Originale sind wohl verwahrt, aber über Mikrofilme gibt es einen eher mühevollen Weg, sie einzusehen. Eine andere, meist viel einfachere Möglichkeit stellt das Programm ANNO (AustriaN Newspapers Online) der Nationalbibliothek dar.

Allerdings fehlen leider noch viele Zeitungsjahrgänge, besonders der letzten 100 Jahre. Der PC ermöglicht bei ANNO sogar Ansätze einer Stichwortsuche (Name, Datum) über 23 Millionen Zeitungsseiten. So ist „Waltendorf" bei ANNO über 11.000-mal gelistet. Auch wenn viele dieser Zitate zu allgemein sind und dem Lokalhistoriker wenig bringen – eine Unmenge an interessantem Material findet sich trotzdem. Wie sonst hätte man im „Grazer Volksblatt" am 16. Oktober 1902 den Bericht über die Ausbaupläne der „Elektrischen" in Richtung Waltendorf und St. Peter finden können? Besuchen Sie ANNO, es bietet ein interessantes Zeitfenster in die Vergangenheit!

Neues von gestern

Hier soll nun über drei Exoten der Grazer Medienszene berichtet werden: Grazer „Vorstadt-Zeitung" (1874–1881, Verlag Leykam-Josefsthal), „Grazer Vorortezeitung" (1913–1919, Verlag Stiasny) und das „Illustrierte humoristische Volksblatt", besser bekannt als „Steirer Seppel" (1866–1894).

In seiner Probenummer (6. Juni 1913) beschreibt sich die „Vorortezeitung" als Organ für die Umgebungsgemeinden von Graz. Sie spricht speziell folgende Gemeinden an: Andritz, Eggenberg, Algersdorf, Fölling-Mariatrost, Gösting, Liebenau, Waltendorf-Ruckerlberg, St. Peter und Kainbach. Ein „u. s. w." bei der Aufzählung durch die Schriftleitung erweitert den Raum möglicher Leser- und Abonnentengemeinden. Interessant, dass hier „Algersdorf" als eigene Gemeinde angeführt wird. Wetzelsdorf war übrigens bis 1914 ein Teil der Gemeinde Eggenberg.

Die „Vorortezeitung" erschien jeden Sonntag. Das Schriftbild ist der damals dominierende Frakturdruck. Trotz der Spezialisierung auf die Stadtrandgemeinden dominieren oft Meldungen höherrangiger Bedeutung, so jene über den Ersten Weltkrieg. Das große Graz war auch bei der Zeitung für seine kleinen Nachbarn dominant. Die Nähe zu Graz brachte Vor- und Nachteile. Die Stadtrandgemeinden waren stolz auf ihre Eigenständigkeit. Rund 50 Jahre dauerte das Bemühen der Stadt Graz, sie zu vereinnahmen.

Wie nicht anders zu erwarten, sind beide, „Vorortezeitung" und „Vorstadt-Zeitung", voll mit Annoncen von Grazer Firmen. Das bringt heute einen Einblick in die Wirtschaftsszene jener Zeit. Zeittypisch gibt es ein Feuilleton (literarisch-kulturell-kurzweiliger Beitrag). Es fehlt auch nicht ein Fortsetzungsroman, der den Zeitgeist spiegelt. So 1913 „Der Fluch des Abtes" von L. Meade. Falls Sie den Autor nicht kennen, liegt das nicht an Ihnen! Interessant ist das aktive Vereinsleben jenseits der Stadtgrenze. Voll Einsatz bemühen sich die Verschönerungsvereine um ihre Gemeinden. Die Hausherrenvereinigungen der einzelnen Gemeinden berichten über ihre Aktivitäten. Die Feuerwehr ist nicht nur als Nothilfe, sondern auch als Gesellschaftseinrichtung wichtig. Dort, wo Akten fehlen und es keine Oral-History-Zeugen mehr geben kann, hilft die Lokalpresse. Ein Beispiel: Wer über die politische Diskussion zu dem Juristen und Bauunternehmer Heinrich Bachmann (siehe Bachmannkolonie, Wegenergasse) Näheres wissen will, der kann in der „Vorortezeitung" vom 5. Juli 1914, S. 3, nachlesen.

Satirisch bis bissig

Einen anderen Charakter als die beiden Vorortezeitungen hatte der „Steirer Seppel". Er sollte kritisch-humoristisch sein. Seine Pointen beweisen allerdings, dass das Verständnis von Humor und Satire damals ein anderes als das heutige war.

Mitunter ist heute nicht zu unterscheiden, was ernst gemeinter Bericht oder satirische Phantasie war. Hier gab es neben Glossen und müden Witzen einst aktuelle Berichterstattung und Beiträge über das Kulturleben in Graz. Wer sucht, der findet auch Anspielungen auf Personen und Ereignisse des späten 19. Jahrhunderts und viele Annoncen. Der „Steirer Seppel" erschien im Normalfall dreimal im Monat, es gab aber viele Ausnahmen.

Drei Medienexoten im Schatten der Grazer Tageszeitungen zwischen 1874 und 1919: „Vorstadt-Zeitung", „Vorortezeitung" und der „Steirer Seppel".

Im Mittelpunkt: der Grazer Hauptplatz

Sie kennen ihn sicher! Sie haben hier bestimmt schon etwas eingekauft oder auf jemanden gewartet. Aber haben Sie auf Nr. 16 den Säulenarkadenhof bewundert oder die Grabendächer wahrgenommen?

Koloriertes Dia vom Grazer Hauptplatz, um 1900.

Bis vor einigen Jahren hätte man ungestraft vom anfangs großen geplanten Hauptplatz erzählen können, der womöglich vor einer Grätzlverbauung (dem heutigen Rathauskomplex) noch umfangreicher war. Spätestens durch die archäologischen Grabungen im Jahr 2002 haben wir die Bestätigung, dass der Platz ursprünglich verbaut war und erst im 15. Jahrhundert als Marktplatz freigeräumt wurde. Seither ist der Platz Bühne für Märkte, Feste, Ehrungen, Sport- und Kulturveranstaltungen, Demonstrationen und war es auch einst für Hinrichtungen.

1861 wurden die Jahresmärkte vom Hauptplatz auf den Lendplatz verlegt. Die traditionellen Markttage werden noch heute eingehalten, allerdings in der Variante Fetzenmärkte. 1885 ist die der Beendigung der Pest von 1680 geweihte Dreifaltigkeitssäule samt Heiligenfiguren, die

Gemischter Verkehr bei der Tramhaltestelle, 1971.

sich seit 1685 am Beginn der Sackstraße befand, angeblich dem Verkehr im Weg. Nun steht das religiöse Denkmal am Karmeliterplatz. 1878 findet man auf dem Hauptplatz einen der Bedeutung des Denkmalbrunnens für Erzherzog Johann entsprechenden Standort. Der Erzherzog in höfischer Zivilkleidung steht auf einem Sockel, der von symbolisierten Figuren für die johanneischen Förderungsbereiche Bergbau, Wissenschaft, Landwirtschaft und Eisenbahnbau begrenzt wird. Die vier Frauenfiguren bei den Brunnenbecken symbolisieren vier Entwässerungsbereiche des Kronlandes Steiermark (Enns, Mur, Drau, Sann/Savinja). Die Oststeiermark mit der Raab ist nicht vertreten.

Unser aller Rathaus

Das im Vergleich zu heute bescheidene Renaissance-Rathaus (um 1550), das – wie praktisch – auch ein städtisches Gefängnis beherbergte, reichte den Grazern bis zum Anfang des 19. Jahrhunderts. Dann folgte 1807 der größere Rathausbau im klassizistischen Stil (Entwurf: C. Stadler). Trotz allen Lobs für den harmonisch zum Platz passenden Bau war dieser im späten 19. Jahrhundert dem neuen und selbstbewussten Bürgertum weder schön noch groß genug. In diesem Jahrhundert war die Bevölkerung von Graz von 31.000 auf 138.000 gewachsen. Dem geplanten Häuserblock (Entwurf C. Wielemans und T. Reuter) blieben nur drei verkaufsunwillige Hausbesitzer

Mit dem Taxi und wohlbehütet zur Hochzeit im Rathaus, 1931.

in der Herrengasse (4, 6, 8) im Weg. Die zentrale Kuppel überragt den Platz um 55 Meter. 1894 war der Bau, der im Zeitgeist des Historismus gestaltet war, fertig. Mehrfach wurde seither die üppig geschmückte Fassade vereinfacht. 1957 verlor das Rathaus in einer denkmalfrevelnden Aktion 16 überlebensgroße Figuren. Nur die Symbolpersonen für Handel, Wissenschaft, Kunst und Handwerk wurden in den letzten Jahren erneuert. 1966 stimmten die Grazer mehrheitlich für die Erhaltung der historischen Fassade und gegen den vereinfachenden Jonser-Entwurf.

Ein Platz – einige Namen

1164 wird nobel formuliert vom „Forum" geschrieben. Der Historiker Arnold Luschin-Ebengreuth berichtet 1928 von der ersten Nennung der Bezeichnung „Hauptplatz" aus dem Jahr 1665, eine ältere Nennung spricht/schreibt einfach von „auf dem Platz". Im 19. Jahrhundert lautet die offizielle Bezeichnung „Hauptwachplatz". Nicht 1000 Jahre, wohl aber sieben Jahre zu lang wurde der Platz nach Hitler benannt. Seit den Maitagen 1945 ist es wieder unser „Hauptplatz", nur kurz 2003 gestört durch die nicht erfolgreiche Idee eines Künstlers, den Platz „Am Johann" zu nennen.

Etwas Ältere können sich noch an die nun schon längere Zeit vergangene Geschäftswelt am Hauptplatz erinnern. An der Ecke des Rathauses zur Herrengasse konnte man Theaterkarten kaufen und die „Neue Zeit" lesen, daneben befand sich über Jahrzehnte die Buchhandlung Pock.

So schön und wenig bekannt: der Hof Hauptplatz 16.

Wir schauen hier zeitversetzt um 1880 auf das Rathaus des 19. Jahrhunderts. Links warten Fiaker auf Kunden.

Der Hauptplatz um 1985 aus der Vogelperspektive eines Heißluftballons.

Im Haus Nr. 3 gab es an der Ecke zur Albrechtgasse eine Meinl-Filiale und bei der Neuen-Welt-Gasse das Wäschegeschäft Wiefler. Der Adler Apotheke folgte die Färberei und Putzerei Wasmayer, und im Haus Nr. 6 mit der blauen Kugel als Firmensymbol und dem hl. Christophorus als Fassadenfresko befand sich die Drogerie Kroath. Es folgten der Schirmhändler und -reparierer Rekla und das Restaurant Rosenstöckl. An der Ecke zur Murgasse stand das Kaufhaus, Spielzeuggeschäft und später der Textilhandel Koch. Gegenüber an der Ecke zur Sackstraße lag das Modehaus Zaradnik, wiederum gegenüber gab es das Lederwarengeschäft Schönbauer. Darüber im ersten Stock befand sich das Café Nordstern, das sogar zur Ehre einer Diplomarbeit am Institut für Geschichte kam. Unter den spätgotischen Arkaden des Lueggs befand sich das Papiergeschäft Kölz, das einst auch ein Zentrum des Ansichtskartenhandels war. Dort erinnere ich mich auch an den Juwelier Blumauer. Im Haus Hauptplatz 14 (1915) gab es das Landesreisebüro und straßenseitig die Papierhandlung Burger und die Tapetenhandlung Giessauf. Es folgten auf Nr. 15 Radio-Steirerfunk bzw. das Pelzgeschäft Soral, auf Nr. 16 die Parfümerie Leyer.

Die Treffpunkt-Uhr

1930 stellte das Uhrengeschäft Weikhard eine frei stehende Uhr in Art einer Bahnhofsuhr auf eine Säulenkonstruktion im Art-déco-Stil vor ihre Firma. Damit wurde ein nun fast allen Grazern bekannter Treffpunkt geschaffen. Ein Grund für diesen Erfolg dürfte gewesen sein, dass man hier unauffällig, da sich dort ja die Straßenbahnstation befindet, auf ihr/sein Rendezvous/Date warten kann. Der Ton der Londoner Big-Ben-Uhr demonstriert die Bedeutung der Zeit und damit auch der Uhr. Eine DVD ist der Weikhard-Uhr gewidmet. Im Vergleich dazu werden die Rathausuhr und der als Symbol städtischer Herrschaft und des Bürgertums gedachte Rathausritter darüber, wie es Wiener formulieren würden, „nicht einmal ignoriert".

Unser Erzherzog Johann am Hauptplatz

Am 11. Mai 1859 starb Erzherzog Johann im Palais Meran in der Grazer Leonhardstraße. Über seine großen Verdienste für das Land Steiermark und seine Bevölkerung ist vielfach nachzulesen. Hier soll aber über sein Brunnendenkmal berichtet werden.

Den Hauptplatz dominierend und schön: „Unser" Erzherzog Johann als Brunnendenkmal – zu Coronazeiten um Mitternacht sehr einsam.

Unmittelbar nach dem Tod des sowohl verdienstvollen wie auch populären Habsburgers wurde bereits für ein ihm gewidmetes Denkmal geplant. Der Historiker Robert Baravalle nennt 1968 in seinem Beitrag über das Denkmal den Gewerken Franz Rieckh, Mitglied des von Erzherzog Johann gegründeten „Vereins zur Förderung und Ermutigung der Industrie und des Gewerbes in Steiermark", als ersten Ideengeber für das Monument. Bis zur Realisierung bedurfte es allerdings vieler Väter des Denkmalprojekts. Fast 20 Jahre dauerte es bis zur Enthüllung 1878. Eine Delegation, bestehend aus noblen und wichtigen Persönlichkeiten, der auch der Grazer Bürgermeister Johann Ulm angehörte, holte sich 1860 bei Kaiser Franz

Voll Stolz zeigte der Kalender von 1879 das neue Denkmal.

Joseph in Wien die Erlaubnis zur Errichtung eines Johann-Denkmals. Mit einem Spendenaufruf, bewilligt durch das Ministerium des Inneren, wollte man das Standbild finanzieren. Es folgten viele größere und kleinere Spenden.

Es gab aber auch Kritik, dass man den überschaubar großen Betrag erbetteln wollte. In der Folge übernahm 1861 der Steiermärkische Landtag die Organisation der Denkmalerrichtung.

Wohin mit dem Denkmal?

Viele und heftige Diskussionen wurden über den künftigen Standort des noch nicht vorhandenen Denkmals geführt. Zuerst gab es 24 Vorschläge, dann blieben nur mehr acht übrig. Der Murplatz (Südtirolerplatz) und der Neutorplatz – ungefähr dort, wo dann die Hauptpost errichtet wurde – schieden aus. Es blieben zur Entscheidung der Karmeliterplatz, der Franzensplatz, also der Freiheitsplatz, wo ohnedies schon ein Denkmal stand, der Holzplatz (Kaiser-Josef-Platz), der Jakominiplatz, der Platz vor dem ehemaligen Eisernen Tor und der Hauptplatz. Dann wollte man wieder zwischen dem innerstädtischen Botanischen Garten (Joanneumsviertel) und der Mur einen großen Platz samt dem Denkmal errichten. Dafür wären allerdings die Kosten zu hoch gewesen. So wurden wiederum der Hauptplatz, den der Gemeinderat ablehnte, und der spätere Auerspergplatz (Am Eisernen Tor) bevorzugt. 1870 kam es am Südende der Herrengasse zu einer feierlichen Grundsteinlegung.

Johann statt Dreifaltigkeit

Schon 1870 gab es einen Denkmalentwurf des Bildhauers und Erzgießers Franz Xaver Pönninger (1832–1906) aus Wien. Der Erzherzog sollte zwischen zwei symbolbeladenen Frauen dargestellt werden. Der Stadtverschönerungsverein betreute das Projekt und bevorzugte als Standort wiederum den Hauptplatz. Eines der Hindernisse war ein dort aus einer Erbschaft finanzierter und geplanter Brunnen. So wurden Brunnenplan und Denkmalplan verbunden, und 1874 wurde endlich der Standort Hauptplatz genehmigt. Im Geist des Kulturkampfes zwischen dem nationalliberalen Bürgertum und der katholischen Kirche trennte man sich 1875 gerne von der Dreifaltigkeitssäule am Südende der Sackstraße, die im folgenden Jahr am Karmeliterplatz wieder aufgestellt wurde. 1876 wurde der steinerne Sockel für das neue Johann-Brunnendenkmal aufgebaut. Am 9. September 1878 wurde das Denkmal in

1976 und 2009 für die Renovierung demontiert.

Anwesenheit von Kaiser Franz Joseph und vieler Tausend Grazer feierlich enthüllt. Am Abend gab es am Hilmteich ein Volksfest. Ein „Jubeltag", wie das „Grazer Volksblatt" schrieb. Kurz konnte man die Kämpfe in Bosnien vergessen.

Das Brunnendenkmal ist fast nach den Haupthimmelsrichtungen ausgerichtet, die leicht bekleideten Flussdamen sind nach Südosten (Mur), Nordosten (Enns), Nordwesten (Drau) und Südwesten (Sann/Savinja) orientiert. Seit der Renovierung 1976 stehen auch die Namen der vier Flüsse auf dem Sockel, die damit auch die einstige Größe der Steiermark betonen. Je zwei wasserspeiende symbolgeschmückte Maskaronen füllen die Becken zu Füßen der Flussschönheiten, die jeweils typische Symbolgegenstände bei sich haben. So besitzt die Mur das Landeswappen, damals noch ident mit dem Grazer Stadtwappen, und Hinweise auf Landwirtschaft und Bergbau.

3,10 Meter Erzherzog Johann

Ein Zitat von Anastasius Grün (Graf Auersperg) schmückt eine Seite des Sockels. An der Westseite kann man MDCCCLXXVIII (1878) lesen. Der

Erzherzog aus Bronze misst stolze 3,10 Meter, er trägt noble Zivilkleidung und den Orden vom Goldenen Vlies. Schriftrolle und (Grund-)Stein weisen auf das von ihm 1811 gegründete Joanneum hin. An den Sockelecken kann man zwei Männer (Bergmann und – siehe Semmeringbahn – Bauplaner) sowie zwei Frauen als Symbole für Landwirtschaft und Wissenschaft erkennen. Franz Pönninger schuf die Bronzeplastiken, Johann Franz die Steinmetzarbeiten.

Zwei Rätsel

Warum der Erzherzog gegen Osten schaut, ist nicht erklärbar. Von 1878 bis in die Zeit des Ersten Weltkriegs hatte er den Blick auf ein honorables Bürgerhaus gerichtet, das dann durch den Neubau Hauptplatz 14 ersetzt wurde. So steht er übrigens über viele Häuser hinweg Aug in Aug mit seinem kaiserlichen Bruder Franz I. am ehemaligen Franzensplatz (Freiheitsplatz). Sehr gut haben sich die beiden übrigens nicht verstanden.

Der üblichen Interpretation nach symbolisieren die vier Flussfrauen (Enns, Mur, Drau und Sann) die vier Hauptentwässerungssysteme des ehemaligen Kronlandes Steiermark. Aber da fehlt ja fast die gesamte Oststeiermark, die in die Raab entwässert! Die Wasserscheide Mur-Raab befindet sich bei Graz auf der Ries. Vergesslichkeit oder geografische Unkenntnis kann es nicht gewesen sein. Hat man hier die Oststeiermark der Symmetrie geopfert? Letztlich münden alle diese Flüsse in die Donau.

Der Erzherzog ist präsent

Ein zweiter Erzherzog Johann steht seit 1895 im ersten Stock der Grazer Wechselseitigen Versicherung (Herrengasse 18–20). Auch gibt es in Graz einige Namensdenkmäler für „unseren Johann", der sich aber auch mit Tirol sehr eng verbunden fühlte. Drei wichtige Institutionen sind nach Johann bezeichnet. So ganz hat sich bisher der Name Erzherzog-Johann-Brücke (ehemalige Hauptbrücke) noch nicht durchgesetzt. Der Hauptplatz ist jedenfalls ohne seinen Brunnen (Renovierungen 1976, 2009) nicht mehr vorstellbar. Er, der Brunnen, ist auch Sitzplatz für mehr oder weniger gewünschte Ruhesuchende und Lieblingsplatz von Tauben.

Der Bildersturm am Rathaus anno 1957

Wir alle kennen unser Rathaus. Aber es gibt Details seiner Geschichte, die nicht so bekannt sind. Zwölf leere Nischen erinnern an die im Jahr 1957 zersägten zwölf Steindenkmäler.

Auch in der Nacht machen die erneuerten Allegorien am Rathaus eine gute Figur, 2020.

Die Historikerin Heidemarie Uhl sieht im Rathausbau (1887– 1892, Entwurf: Alexander von Wielemans und Theodor Reuter) berechtigt einen Akt der Selbstdarstellung des neuen Bürgertums der Stadt gegen Ende des 19. Jahrhunderts. Es wurde urbane Größe und politische Gesinnung gezeigt. Man übertrumpft in der zeitgenössischen Architekturbewertung das „welsche Landhaus" des Landeshauptmanns und die antiquierte Burg des kaiserlichen Statthalters. Trotz der verhaltenen Distanz zu Staat und Herrscherhaus gibt man sich bei der Auswahl der die Fassade schmückenden Figuren staatstreu. Der konservative Historische Verein für Steiermark wird mit der Wahl der Standbilder beauftragt. Interessant, dass er die letzten 250 Jahre Landesgeschichte ausgeklammert hatte. Von links nach rechts standen hier: Guido Graf Starhemberg, Sigmund Graf

Herberstein, Rüdiger Graf Starhemberg. Erzherzog Karl II. von Innerösterreich, die Kaiser Rudolf I., Leopold I., Karl VI., Friedrich III. und Ferdinand II. Es folgten Ulrich Fürst von Eggenberg, Andreas Baumkircher und Adam Freiherr von Dietrichstein. Teilweise noch auf der Fassade erhalten sind die Reliefköpfe, die den Dombaumeister Niesenberger, den Minnesänger Ulrich von Liechtenstein und die Künstler Mathias Fischer und J. B. Fischer von Erlach darstellen.

Kleine Ursache – große Folgen

Mehrere Änderungen der Rathausfassade überstehen die Denkmalfiguren unbeschadet. Aber 1957 verliert eine der Figuren eine Hand. Anstatt die Standbilder zu renovieren, sie anderswo aufzustellen oder zumindest zu sichern, geht man einen aggressiven Weg. Der damaligen sozialistischen Regierungsmehrheit sind die Zeugen einer historischen Prominenz aus der Zeit der Adelsherrschaft auf ihrem Rathaus ein Ärgernis. Am 5. Juli 1957 beschloss der Gemeinderat, „die zerbröckelnden Figuren" entfernen zu lassen. Die Denkmalfiguren werden zersägt und kübelweise abgeseilt. Glaubt man den Aussagen von durchaus kompetenten Zeugen, wurden die Steinbrocken demonstrativ als Frostkoffer in eine gemeindeeigene Straße eingebaut. Wer ein Beispiel für solchen Bildersturm sucht, der findet ihn bei der „damnatio memoriae", der Auslöschung der Erinnerung. So etwas gab es schon immer, in der Antike, bei den Bilderstürmern der Reformation oder auch in den Kriegen und Vertreibungen der Zeitgeschichte. So tüchtig wie man beim Entsorgen war, blieben doch auf der Rathausfront der

Bis 1957 waren sie noch am Rathaus: die historischen Persönlichkeiten in ihren Nischen.

Schmiedgasse nicht nur zwei riesenwüchsige Landsknechte erhalten, sondern im dritten Stock auch der Traungauer Herzog Ottokar IV. und der Babenberger Herzog Leopold V. Hatte man 1957 vergessen, die beiden Figuren zu demolieren oder galten hier andere Argumente?

Irgendwie war diese Form der Denkmalentsorgung den Verantwortlichen jedoch peinlich. Über Jahrzehnte gab es die Ausrede, dass die Standbilder ohnedies noch irgendwo vorhanden seien. So findet sich noch 2020 auf einer Rathausseite der Stadtgemeinde der hoffnungsträchtige und Spannung erzeugende Satz: „Der Verbleib der kulturhistorisch interessanten Kunstwerke ist unbekannt."

Die „Wissenschaft" ziert wieder das Rathaus.

Die Suche nach 16 Denkmälern

Um das Jahr 2000 wurde das Thema Rathausfiguren wieder aktualisiert. Ein Viermannteam nahm sich der zwölf leeren Nischen und der vier Postamente ohne Figuren – die dasselbe Schicksal erlitten hatten – an. Die vier Pioniere waren Bürgermeister Siegfried Nagl, Prof. Max Mayr („Kleine Zeitung"), Hofrat Helmut Reinhofer und Dr. Karl A. Kubinzky. Ganz am Anfang der Aktion stand die vage Hoffnung, dass es doch noch Fragmente der über zwei Meter hohen Sandsteinfiguren gäbe. Dem war, wie befürchtet, nicht so. Wo war der denkmalwürdige Schutt gelandet? Erfolglos wurden Gerüchte nach den unter städtischen Straßendecken verkommenen Plastiken geprüft. Sogar moderne Archäologietechnik wurde eingesetzt. Der nächste Schritt war, wenigstens festzustellen, wie die Standbilder ausgesehen hatten. Im Fundus des Graz Museums/Stadtmuseums befinden sich Modelle der Figuren. Allerdings ist dort die Sammlung nicht vollständig, und die Unterschiede zwischen den Modellen und der Realisierung ist teilweise erheblich. So wurde auch nach einschlägigen Fotos gesucht. Auch hier war man nur teilweise erfolgreich, aber es gab genug Indizien zu einer werkgetreuen Rekonstruktion. Das Hauptproblem war und blieb jedoch die Finanzierung. Daher wurde von der Gemeinde, die nun das Projekt der Figurenrekonstruktion

Im Graz Museum: Das Modell für die „Kunst" (o.) und das Modell für das „Handwerk" (u.).

übernommen hatte, das System des Sponsorings eingesetzt: Wer 30.000 Euro zahlt, ermöglicht die Herstellung einer neuen Figur nach altem Vorbild. Wen man finanzieren will, kann man sich aussuchen. Sogar eine Teilzahlung von 10.000 Euro wurde angeboten. Der Erfolg war mäßig. Die vage Hoffnung, dass Präsident Putin den für die Geschichte Russlands so wichtigen Grafen Sigmund von Herberstein finanziert, erfüllte sich nicht.

Die vier Allegorien

Allein die vier Allegorien am Portikus, also über dem Eingang, konnten finanziert werden. Die „Kunst" übernahm die Steiermärkische Sparkasse, den „Handel" das Kaufhaus Kastner & Öhler. Und so kann man nun seit 2004 die vier für die Identität der Stadt wichtigen Themensymbole wieder am Rathaus sehen: Handel, Wissenschaft, Kunst und Gewerbe. Kunst und Wissenschaft sind Frauen, Handel und Gewerbe Männer, jeweils ausgestattet mit ihren typischen Geräten. Als Bildhauer wirkte Walter Ackerl, die Herstellungstechnik ist der neuen Zeit angepasst. Mit Hilfe von Computersteuerung und Lasertechnik wurden die Steinblöcke vorbearbeitet. Der Bildhauer verfeinerte dann die vorgefrästen, über zweieinhalb Meter hohen halb fertigen Steinriesen.

Besser als die Vorschläge, die Nischen mit Karikaturen oder mit abstrakten Kunstwerken zu füllen, ist es noch immer, sie leer zu halten. Oder gibt es doch noch Hoffnung auf eine Rekonstruktion?

(K)eine Sackstraße

Folgen Sie mir auf einem historischen Rundgang durch die Sackstraße. Wir kennen sie (fast) alle. Aber es gibt viel mehr (hoffentlich) interessante Details, als hier auf ein paar Seiten Platz haben.

Kastner & Öhler: Die Sigmundt-Halle in einer Werbegrafik um 1900.

Im Schutz des Schloßbergs und begrenzt durch die einst hochwassergefährliche Mur entstand eine der wichtigsten und ältesten Straßen der Stadt. Der Name Sackstraße führt uns in die Zeit vor 1380. Zuvor gab es durch die Tore der Stadt nur einen Ost-West-Weg. Die trichterförmige Öffnung unserer heutigen Sackstraße zeigt einen ersten bescheidenen Marktplatz. Nördlich davon muss es anfangs streng gerochen haben, dort waren früher die Kürschner, Weißgerber und Lederer an der Arbeit. Am Ende des 14. Jahrhunderts wurde die Stadt gegen Norden durch ein Tor geöffnet, und die neue Sackstraße wurde nobler. Das erste Sacktor – welch ein Widerspruch im Namen! – stand zwischen den heutigen Häusern 17 und 20. Kurz nach 1700 wurde das Tor abgebrochen. Der ehemalige

Die Dreifaltigkeitssäule an ihrem ursprünglichen Aufstellungsort am Beginn der Sackstraße, 1875 auf den Karmeliterplatz versetzt, 1966 nach längerer Lagerung wieder dort aufgestellt.

Stadthof des Stiftes Rein (Sackstraße 20) ist mit der Erwähnung im Jahr 1164 und den romanischen Bauresten das urkundlich älteste Gebäude von Graz. Das zweite Sacktor, es bestand von ca. 1486 bis 1835, öffnete die Stadtmauer zwischen den Häusern 27 und 36. Das dritte Sacktor existierte von 1625 bis 1836 und stand nördlich des Hauses Kaiser-Franz-Josef-Kai 62.

Zwischen 1890 und 1905 wurden fast 20 murseitige Gebäude der alten Sackstraße abgebrochen. Damals entstanden die monumentalen hochwassersicheren Kaimauern, und anstelle der nun fehlenden Häuser gab es die Kaistraße und eine bescheidene Grünanlage. Die kleine Baulücke zwischen den Häusern 50 und 52, nun am K-F-J-Kai, früher ein Teil der Sackstraße, ist die Spur eines kurzzeitigen und erfolglosen Kübelliftes für die Wasserversorgung am Schloßberg. Ein Neubau in der Häuserfront ist das Haus der Schloßbergbahn (Kaiser-Franz-Josef-Kai 38, 1894). An ihrem Bau war übrigens Johann Korbuly beteiligt, den viele als Vater des Matador-Holzbaukastens kennen und ehren.

Nobler Substandard

In der Sackstraße demonstrieren die Palais des Adels einerseits den Luxus und den künstlerisch-architektonischen Aufwand vergangener Zeiten. Andererseits waren sie in ihrer ursprünglichen Ausstattung nach den heutigen Regeln Substandard. Zu den berühmtesten Gebäuden der Sackstraße gehören das Palais Herberstein (Nr. 16) und das Palais Attems (Nr. 17). Beide Barockpalais zeugen vom Reichtum ihrer gräflichen Herren. „Das Attems", seit 1962 im Eigentum des Landes Steiermark, zeigt

(K)eine Sackstraße   191

Der Franziszeische Kataster von 1829 zeigt mit späteren Ergänzungen die Sackstraße in ihrer ursprünglichen beiderseitigen Verbauung.

Die Ecke Sackstraße (links) und Sporgasse (rechts) ist ein Beispiel für die berühmte Grazer Altstadt-Dachlandschaft.

noch viel von der alten Raumstruktur und Gestaltung. Neben anderen Funktionen des Hauses hat hier der „steirische herbst" sein Büro. „Das Herberstein", nun das Museum für Geschichte des Universalmuseums Joanneum, hatte viele Eigentümer und Benutzer. Im 17. Jahrhundert war es das Stadtpalais der Fürsten Eggenberg. Im 19. Jahrhundert war das Landesgericht eingemietet. Nun sind hier historische Abteilungen des Joanneums (Museum für Geschichte) konzentriert. Im Nachbargebäude (Nr. 18), dem Palais Khuenburg, wurde der Thronfolger Franz Ferdinand geboren (1863 Graz – 1914 Sarajevo). Hier war von 1876 bis 1938 die erste Mädchenmittelschule (Lyzeum) Österreich-Ungarns eingemietet. Nach einem recht desolaten Zustand – ausgerechnet das Stadtbauamt war damals Mieter – zog das Stadtmuseum ins renovierte Haus. Nun ist es als Graz Museum ein Museums- und Ausstellungsgebäude.

Viel Wirtschaft

Was wäre die Sackstraße ohne das Department-Kaufhaus Kastner & Öhler? 1883 entdeckte Carl Kastner den Standort Graz und eröffnete ein kleines Kurzwarengeschäft in der Sackstraße. 1895 wurde daraus ein mehrgeschoßiges Warenhaus mit einer zentralen Halle (Architekt Sigmundt), und schließlich entstand 1913 das neue Hauptgebäude nach einem Entwurf der prominenten Wiener Theaterarchitekten Fellner und Helmer. Gegenüber vom Kastner zeigt das Haus Nr. 12 in einer der schmalen Parzellen (Hofstätten) interessante Beispiele der Gotik und Renaissance. Für die meisten Grazer ist hier einfach der Krebsenkeller. Als Cityhotel präsentiert sich das „Erzherzog Johann". 1852 erlaubte der Namenspatron diese Bezeichnung. Der glasüberdeckte Innenhof des Hotels demonstriert innerstädtische Tradition. Viel jünger ist das Schlossberghotel (1982). Hier werden Moderne und Kunst verbunden. Interessant sind die Hotelterrassen am Schloßberghang. Zwischen beiden Hotels gibt es einige Antiquitätengeschäfte und den Standort von Studentenverbindungen.

Dort, wo heute am Kaiser-Franz-Josef-Kai das Schulgebäude der Schulschwestern steht und anschließend in der Sackstraße, befand sich bis 1900 das Kloster der Ursulinen. Die Ursulinen übersiedelten in die Leonhardstraße, ihre der Trinität (Dreifaltigkeit) geweihte Kirche gibt es nun zweifach – am alten und am neuen Standort.

Am 9. Dezember 1901 nahm die elektrische Tramway mit der Verbindung vom Hauptplatz über die Sackstraße bis zur Andritzer Maut ihren Betrieb auf. Noch ein Stück Zeitgeschichte, das auch schon wieder über 75 Jahre alt ist: Sechs Panzersperren zwischen dem Hauptplatz und der Wickenburggasse sollten im Mai 1945 die Rote Armee aufhalten. Dank der Kapitulation wurde Graz kampflos übergeben. Gegenwärtig wohnen in der Sackstraße 352 Personen, am Kaiser-Franz-Josef-Kai 239.

„Langsam" mahnt eine Tafel und auch der Polizist in seinem Verkehrsüberwachungsturm um 1930 am Beginn der Sackstraße.

(K)eine Sackstraße

Um 1870 befand sich die Dreifaltigkeitssäule noch am Beginn der Sackstraße, nun steht sie auf dem Karmeliterplatz. Wir sehen hier die Ecke Murgasse und Sackstraße mit dem Hotel Erzherzog Johann.

Ein Blick auf die Sackstraße, wo sie sich zur Mur öffnet, um 1910; coloriert.

Vom Zirkus zur Oper

Graz hatte im 19. Jahrhundert ein für traditionelle Zirkusvorstellungen typisches Gebäude. Daraus wurde die Thalia, das Theater am Stadtpark, der Vorgängerbau unserer Oper.

Entwurf: Der neue Zirkus in Graz, Ansichten aus der Steiermark (Tagespostsuite), X. Heft, Verlag Leykam, Graz um 1855.

Anfang des 19. Jahrhunderts war Graz zwar eine „offene Stadt", wurde also nicht mehr verteidigt, wohl aber gab es noch die Stadtmauern, Stadttore und große Freiflächen davor. Östlich vom Eisernen Tor, das wohl ursprünglich ein äußeres Tor gewesen ist, wurde um 1830 ein erster einfacher Zirkusbau errichtet. Etliche Jahre später plante man für Graz einen attraktiven Bau, den neuen Zirkus. Der Armenunterstützungs-Hauptverein hatte eine seiner Meinung nach gute Idee: Eine „höchsten Ortes genehmigte Lotterie-Anleihe" sollte 5000 Aktien à zehn

Willkommen und Abschied: links Neubau des städtischen Theaters (Oper), rechts Abbruch des Theaters am Stadtpark (1899).

Gulden einspielen. Davon würden 150 bis 200 Stück jährlich ausgelost und mit Gewinn zurückgezahlt. In 30 Jahren wäre so ein Zirkusgebäude abgezahlt und damit kostenlos im Eigentum des Vereins. Zusätzlich würden die Vermietungen die Finanzierung absichern und sogar Gewinn bringen. Fast ist es überflüssig zu schreiben, dass zwar das Geld für den Bau aufgetrieben wurde, die Rückzahlung aber nicht funktionierte.

Das Zirkus-Zwölfeck

Der Zirkusbau entstand an der Kreuzung jener damals neuen Straße, die wir nun Opernring nennen, und der Alleegasse, die seit 1909 Girardigasse heißt. Das Gebäude bildete nach außen ein regelmäßiges Zwölfeck. Das Innere sollte – laut Plan – eine sieben Klafter (ab 1873: 13,27 Meter) große Arena mit Sitz- und Stehplätzen für rund 2000 Zuschauer sein. Es waren 51 Logen, eine Hofloge, zwei Ränge Sitzplätze und Raum für die

1956 entstand als architektonische Stilikone der 50er-Jahre das Thalia-Kino.

Vom Zirkus zur Oper 197

Innenansicht vom Zuschauerraum in Richtung Bühne des Theaters am Stadtpark (1899); Aquarell von Karl Reithmeyer (1872–1936).

Innenansicht von der Bühne in den Zuschauerraum des Theaters am Stadtpark im Jahr des Abbruchs 1899; Aquarell von Karl Reithmeyer (1872–1936).

Von der Jahrhundertwende bis in die 50er-Jahre des 20. Jahrhunderts waren das Thalia-Restaurant und das Café samt Gastgarten ein beliebter Treffpunkt.

Stehplätze vorgesehen. Selbstverständlich waren Nebenräume und eine Gastronomie eingeplant. Die Arena und der Zuschauerraum bildeten eine fast runde Gebäudeeinheit, die übrigen Räume waren in einem angeschlossenen Bau zur Alleegasse hin ausgerichtet. Für damalige Ansprüche war für die Feuersicherheit gesorgt. Erst die katastrophalen Theaterbrände von Nizza und Wien im Jahr 1881 verschärften die Brandschutzbestimmungen.

Ein Gastgarten in Richtung Ringstraße war schon damals vorgesehen. Seinen Nach-Nachfolger haben viele von uns noch erlebt (Stichwort: Café Thalia und die legendären Flamingos). 1861 baute man, dem ursprünglichen Plan weitgehend entsprechend, den Zirkus.

Als hauptsächliche Nutzer und Mieter hatte man bei der Planung die damals beliebten Kunstreitergruppen im Visier und die Räume dementsprechend gestaltet. Ob die Kunstreiter, Schausteller und Zirkusunternehmer zu selten nach Graz kamen oder die Grazer jene Attraktionen zu wenig besuchten, bleibt offen. Wir wissen, dass die Kunstreitergesellschaften Renz und Karre mehrfach hier gastierten und dass z. B. 1862 das Affentheater Brockmann ein Gastspiel im Zirkus hatte. Bitte keine Verwechslung mit dem in Graz geborenen Wiener Burgtheaterdirektor Johann Franz Brockmann!

Jedenfalls funktionierte dieses Nutzungsmodell nicht, und 1864 erfolgte unter Beibehaltung der Zirkusarena der Umbau zu einem Theater. Kritische Grazer behaupteten damals, dass das Theater noch immer nach Raubtierurin und Pferdemist gerochen hätte. Zuerst sprach man vom Thalia-Theater, dann vom Theater am Stadtpark. Einige Jahrzehnte lang war dieses städtische Theater, das landständische stand am Franzensplatz (Freiheitsplatz), ein Zentrum der lokalen Kultur. Neben ernst zu nehmenden Stücken und Inszenierungen gab es auch viel zeitgenössischen Kitsch. Hier gastierten legendäre Künstler jener Zeit, so Alexander Girardi und Sarah Bernhardt. Und hier wurden z. B. auch Peter Roseggers „Am Tag des Gerichts" und Werke des Grazers Karl Morré („'s Nullerl") sowie Nestroys Stücke aufgeführt. Die Abschiedsvorstellung 1899 war Raimunds „Verschwender".

Theater neu: unsere Oper

Gegen 1900 genügte der adaptierte Zirkusbau den gestiegenen Ansprüchen des kulturbeflissenen Bürgertums nicht mehr. Die Stadt, also ihre Bürger und Politiker, wünschten ein modernes, großes Theater, so wie es damals auch anderswo gebaut wurde. Vorstellungen von Opern Richard Wagners gab es zwar auch im ehemaligen Zirkusbau, so 1899 die „Meistersinger", aber so richtig befriedigend passten die große Oper und der Zirkus nicht zusammen. Also kam es zum Auftrag an das Wiener Architektenteam Ferdinand Fellner und Hermann Helmer, einen Neubau im Stil des gebürtigen Grazer Barockbaumeisters Fischer von Erlach zu entwerfen. 1899 wurde das Theater am Stadtpark abgerissen, und der Neubau erfolgte in der Rekordzeit von nur 17 Monaten. Einige Reste des Zirkus und auch seiner Funktionen blieben allerdings erhalten, so das Restaurant und ein Teil des gegenwärtigen Kulissendepots westlich der Oper. Die

Das 1899 eröffnete Stadttheater (nun die Oper) zeigt sich hier im Originalzustand.

Restaurant und Café Thalia nahe der Oper, um 1930.

neue Oper wurde 1899 feierlich mit Schillers „Wilhelm Tell" und Wagners „Lohengrin" eröffnet. Das antihabsburgische Freiheitsdrama und das betont deutsche Weihespiel waren eine politische Demonstration im Geist des Kulturkampfes. Durch den organisatorischen Zusammenschluss mit dem ständischen Theater am Freiheitsplatz entstanden 1950 die Vereinigten Bühnen, die Grundlage der neuen Theaterwelt in Graz, die Oper und das Schauspielhaus.

Von der Vergangenheit zur Gegenwart

Wie ging es mit dem Restaurant des Zirkus-Theaterbaus weiter? Mehrfach wurde dort seither an-, um- und neu gebaut. Das Café mit seinem vorgelagerten sommerlichen Gastgarten war in der Ersten Republik ein wichtiges Lokal für Vereine und Künstler. 1956 entstanden hier der für die 50er-Jahre typische Großbau des Kommerzialrats Emil Kußmann (Architekt Robert Vorderegger), das Thalia-Kino und das Thalia-Café sowie ein Nachtklub mit einer drehbaren Tanzfläche. Weder das große Kino mit 930 Sitzplätzen noch das Café war letztlich eine erfolgreiche Investition. Zur gemischten Nutzung des seit 1991 denkmalgeschützten Neubaus gehören unter anderem ein Theater (Next Liberty), ein Restaurant, eine Disco, eine Tanzschule und seit wenigen Jahren eine Überbauung für ein großes Fitnesszentrum.

Einst im Steirerhof

Vor mehr als 30 Jahren schloss das Hotel Steirerhof am Jakominiplatz. Es folgte der Abbruch, der Bauschutt landete als Deponie in Fölling. Angeblich rettete ein Hotelfreund den Prellstein, der an der Ecke zur Gleisdorfergasse gestanden war. Der Neubau (1993) hatte mit dem Steirerhof nur mehr den Namen und die Adresse Jakominiplatz 12 gemeinsam.

Der ehemalige Stall präsentierte sich ab den 30er-Jahren als nobler Festsaal.

In den 70er- und 80er-Jahren des vergangenen Jahrhunderts freute man sich über touristische Erfolge und forderte ein größeres Angebot an Hotelbetten in der Qualitätsklasse. Dass ausgerechnet das Flaggschiff der Grazer Hotellerie zusperrte, wunderte die meisten Grazer. Nur eine Minderheit wusste um die rechtlichen und finanziellen Probleme des Hauses. Erst beim finalen Abverkauf des Inventars zeigte sich auch für den Laien das langjährige Fehlen von Investitionen. Ende 1989 trennten sich schließlich die Eigentümer – der Raiffeisenlandesverband und die Pächterfamilie Le(e)b. Das war auch das Ende des Traditionshotels.

Hotel Steirerhof, 1937.

Abbruch, 1991.

Typisch: Zimmerschlüssel, traditionsbewusst und altmodisch, 1989.

Vom Stall zum Spiegelsaal

Am Beginn der Entwicklung im Süden der Altstadt standen zwei Reformen Kaiser Josefs II. Er erklärte Graz 1782 und 1784 zur „offenen Stadt", es war also keine Festungsstadt mehr, und durch die Auflassung von Klöstern standen deren Grundstücke, meist waren es Wiesen südlich der Stadt, zum Verkauf. Das war die Chance des Caspar Andreas von Jacomini für seine Vorstadt. So kam es zum Jakominiplatz und seiner Randverbauung. 1790 wurde erstmals ein „Haus zur Stadt Triest" genannt, das vier Jahre später eine Kaffeehauskonzession erhielt und darauf auch zu einem Hotel wurde. Der Platz war Poststation und schon damals eine Art „Vorfluter" für die Stadtmitte. Im Jahr 1875 machte ein Umbau aus dem Vorstadthotel ein dem Standard der Zeit entsprechendes Repräsentationshotel. Das war jene Epoche, in der der Tourismus eine erste Konjunktur erfuhr. 1905 erwarb die Bauernvereinskasse für Mittel- und Obersteiermark das erfolgreiche Hotel und nannte es nun „Grand Hotel Steirerhof". So entstand für die steirische Bauernschaft ein repräsentativer Stützpunkt in zentraler Lage und eine räumliche Bühne für ihre eher konservative Politik. Zum Haus gehörte auch ein Mietstall für 50 Pferde.

Der Stall wurde der Entwicklung folgend zum Festsaal umgebaut. Mit der Übernahme der Pacht durch Carl und Therese Leeb entstand 1910 eine 80 Jahre anhaltende Verbindung der Familie Leeb zum Steirerhof. Der Steirerhof war ein Spiegelbild der lokalen Zeitgeschichte. Dazu gehörte die Übernahme des Hotels als Verwaltungsbau des nationalsozialistischen Reichsnährstands, Lebensmittelkarten, ein Bombentreffer, die Besatzung durch die Rote Armee und bis 1947 durch die Briten. Zur Zeitgeschichte gehörte aber auch die Beherbergung von beispielsweise Präsident Tito, Königin Elisabeth II. und von Otto von Habsburg. Das Haus war ein Zentrum des Bauernbundes, es gab aber auch gratis Essen für bedürftige Studenten und eine bürgerliche Stammtischkultur. Die letzte Chefin des Hotels, Mathilde Leb, wurde oft als die „Frau Sacher von Graz" bezeichnet.

Die Kofferaufkleber (Sticker) als Werbemittel und Souvenir.

Der Spiegelsaal hatte zwar nicht allzu viele Spiegel zu bieten, wohl aber war er die Bühne für größere Veranstaltungen, die auf ihre soziale Qualität achteten. Hier fanden Versammlungen, Festessen und auch Bälle statt. Einer der nobelsten war jener der Campagnereiter. Allein schon der Veranstaltungsort war ein Qualitätsmerkmal. Das nutzten auch ambitionierte Maturaklassen für ihren Abschlussball. Als inoffizielles Hotel des Landes Steiermark gab es hier die offiziellen Staatsbesuche, hier wohnten bekannte und berühmte Künstler, Politiker, Wirtschaftstreibende und Wissenschaftler. Und so manche Intrige fand hier ihren Anfang oder ihr Ende. Die Liste der exklusiven Gäste des Steirerhofs ist lang und eindrucksvoll. Natürlich gab es auch andere First-Class-Hotels mit prominenten Gästen in Graz wie Daniel, Weitzer, Wiesler, Parkhotel oder einst das Hotel Elefant am Südtirolerplatz. Aber der Steirerhof dominierte, vor allem in den letzten Jahrzehnten seiner Existenz.

Exklusiv und doch populär

Rechts des Eingangs ging es zur noblen Gastronomie, links an der Ecke zur Gleisdorfergasse zum Schankraum, dem Bierstüberl. Hin und wieder vermischten sich auch diese unterschiedlichen Welten. Stammgäste hatten ihre Stammtische. Auch wenn man in den späteren Jahren mit dem Angebot und Service nicht ganz zufrieden war, der Steirerhof behielt seine Rolle als erste einschlägige Adresse in Graz. Es war eine Ehre, vom Ober Otto Neuböck persönlich bedient und mit Namen und Titel angesprochen zu werden. Man lächelte brav, wenn er vom „Kapü" (Kartoffelpüree) und „Minerol" (Mineralwasser) sprach. Aber hinter seinem Rücken witzelte man vom zähen Huhn als altem Adler. 1972 wurde aus dem heimlichen Schweinestall, einer Art Bio-Restlverarbeitung, eine erweiterte Küche.

Wer mehr über den Steirerhof erfahren will, der sollte in Ursula Kieslings Buch „Grand Hotel Steirerhof. Ein Stück österreichischer Hotelgeschichte" (Graz 2003) nachlesen. Der Name Steirerhof ist nun schon lange auf Reisen gegangen, es gibt fast ein Dutzend Hotels und Gasthöfe, die zwischen Wien und Kirchberg in Tirol diesen Namen tragen. Es gab auch an der Ecke Stubenberggasse und Schmiedgasse als Namenskopie den „Kleinen Steirerhof" (später Grazerhof) als Hotel und mit Gastronomie. „Steirerhof" ist auch noch heute am Neubau mit der Adresse Jakominiplatz 12 zu lesen, aber es ist halt nicht mehr DER Steirerhof.

Das Menü des Grandhotel Steirerhof am 19. Oktober 1911.

1911 bezahlte der Unternehmer Spreng im Steirerhof für seine 16 Gäste rund 400 Kronen (inkl. Trinkgeld).

Unsere Ringstraßen

Die Grazer Ringstraßen bilden keinen Ring rund um die Innenstadt. Genauso wenig wie die Gürtelstraßen zentrale Bereiche der Stadt „umgürten". Die drei zentralen Straßen mit der Bezeichnung „Ring" zeigen den urbanen Repräsentationswillen des späten 19. Jahrhunderts.

Heute wäre dies die Ecke Opernring und Am Eisernen Tor; Ölbild von Otto Wintersteiner, 1887.

Graz wurde schon unter Kaiser Josef II. (1782, 1784) zur „offenen Stadt", verlor damals also seinen Festungscharakter. Doch erst Jahrzehnte später kam es im Süden und Südosten der Altstadt zu baulichen Veränderungen. Von 1837 bis 1860 gab es sogar ein neues Stadttor, das Franzenstor am Südende der Burggasse. 1839 war die Häuserfront Nr. 10–20 am heutigen Opernring fertiggestellt, und es folgten Gebäude im historistischen Stil am Burgring, Opernring und Joanneumring. Das monumentalste Gebäude an der neuen Repräsentationsstraße ist sicher das städtische Theater (Oper) von 1899. Als Beispiel für die eindrucksvollen Wohn- und

Der 1946 zerstörte Portikus der Oper von Fellner und Helmer, 1899.

Opernring als Boulevard der Gründerzeit.

Geschäftshäuser an der neuen Ringstraße soll das Haus Joanneumring 6 (1891) des Architekten Leopold Theyer erwähnt werden. Die 1959 in Liebenau nach ihm benannte Gasse hat einen völlig anderen Stil. Nahe einer der Wohnungen Peter Roseggers (Opernring 10) wurde dem Schriftsteller 1936 ein Denkmal gesetzt. Der Reformkaiser Josef II. erhielt am Opernring schon 1887 ein Denkmal. Gegenüber befindet sich seit 1861 das Operncafé, das als „Caffé Schuster vis-à-vis des Circus an der neuen Ringstraße" eröffnet wurde.

Spiegelbild des Wandels

Keine andere Straße in Graz hat so oft ihren Namen gewechselt wie der Opernring. Begonnen hat es mit dem Carl-Ludwig-Ring. Es folgte nach 1918 der Opernring als neue Bezeichnung. Zur Zeit des Ständestaates gab es hier den Dollfuß-Ring. 1938 wurde daraus der Friedl-Sekanek-Ring gemacht. Der Name wich 1945 wiederum dem Opernring.

Zählt man die Armeen, die als Repräsentanten der militärischen, aber auch der politischen Macht über den Opernring marschierten, dann kommt man auf sechs. Das ist gleichzeitig ein Spiegelbild der belasteten Zeit zwischen dem Ersten Weltkrieg und der Entspannung und Identitätsgewinnung ab 1955. 1918 marschierten noch Einheiten der k. u. k. Armee über den Opernring, gefolgt vom Bundesheer der Ersten Republik. 1938 bis 1945 war der Opernring die Paradestraße der Deutschen Wehrmacht. 1945 folgte in Graz für drei Monate die Rote Armee und darauf bis 1955 die königlich britische Armee. Ab 1955 repräsentiert das Österreichische Bundesheer die Zweite Republik. Zählt man dazu, wer alles an Wehrverbänden und Parteiarmeen am Opernring präsent war, dann erhöht sich die Zahl bewaffneter Einheiten auf der Paradestraße Opernring um ein Vielfaches.

Sehen und gesehen werden

Über Jahrzehnte war es für einen Teil der Grazer Gesellschaft im 20. Jahrhundert Brauch, sich am Sonntag, besonders nach der Spät-Vormittagsmesse in der Stadtpfarrkirche, am innerstädtischen Gehsteig des Opernrings zu zeigen. Man konnte dort einfach im Pater-Noster-Stil auf und ab gehen und entweder seine Freude oder seine Missachtung anderen gegenüber zeigen. Die „Damen der Gesellschaft" führten sich und ihre Kleidung vor, womöglich die Herren auch. Auch einige der Grazer Studentenverbindungen nutzten es, ihren Freunden oder Feinden in „vollem Couleur" Gruß oder Verachtung zu demonstrieren. Das war der „Grazer Bummel".

Konfliktbühne Opernring

Über Jahrzehnte war der Opernring die Bühne zum Herzeigen und Anschauen. Dies traf beispielsweise für Paraden, Umzüge und Demonstrationen zu. Hier fanden in der späten Ersten Republik die politischen Konfrontationen der drei politischen Lager, besonders zwischen Christlichsozialen und Deutschnationalen, statt. Deswegen wurde auch in die bis dahin torlose Häuserfront Opernring 10–20 eine Tür für ein Wachzimmer der Polizei eingebaut (Opernring 12). Am Opernring gab es 1949 auch eine der größten Demonstrationen der ersten Nachkriegsjahre, den Bauarbeiterstreik.

Detail der Fassade Joanneumring 6; Entwurf von Leopold Theyer, 1891.

Der Opernring mit der City vom Heißluftballon, um 1985.

Firmennostalgie

Auch am Opernring und Joanneumring kommen und gehen Firmen. Hier eine Auswahl jener, die uns verlassen haben: Alpenlandbuchhandlung, Herrenausstatter Bierkopf, Glas Mauerhofer, Puch Pech, Tuchhaus Rendi, Wäsche Scheiner, Feinkost Schneider, Spielwaren Sing, Elektro Slanina, Stiefelkönig, Vorhang Veith. Hier muss auch das ehemalige Ring-Kino an der Ecke zur Neutorgasse erwähnt werden. Das alte Thalia-Café wurde 1956 abgerissen. An seiner Stelle entstand damals im Stil jener Zeit ein neues Café und eines der größten Kinos Österreichs. 1990 endete dort der Betrieb.

Die andere Grazer Ringstraße

Sie glauben nicht, dass die Grazer Ringstraße knapp 20 Kilometer lang ist? Stimmt aber! Die Landesverwaltung, die seit 2002 auch für die ehemaligen Bundesstraßen zuständig ist, kennt eine ganz andere „Grazer Ring Straße". Sie trägt auch die Bezeichnung B 67a und führt in einem großen Bogen von Andritz über die Grabenstraße und Glacisstraße, die Elisabethstraße und Merangasse nach St. Peter. Der Südgürtel ist die Verbindung nach Puntigam und schließlich zum Weblinger Kreis.

Die Geschichte eines Denkmals

Seit rund 350 Jahre gibt es die monumentale Mariensäule. Der Platz Am Eisernen Tor ist ihr dritter Standort. Sie ist ein religiöses Denkmal, auf ein historisches Ereignis bezogen und mit ihrem räumlichen Umfeld gleichzeitig selbst ein Teil der Grazer Stadtgeschichte.

Conrad Kreuzers Ansicht vom Jakominiplatz mit der Mariensäule von 1843.

Am Beginn der Geschichte der Mariensäule steht das Gelübde der Grazer Bürger, blieben sie Mitte des 17. Jahrhunderts vom drohenden Türkenkrieg verschont, es Maria zu danken. Die Konfrontation zwischen dem Osmanischen Reich und dem Reich der Habsburger prägte damals die Geschichte des südöstlichen Mitteleuropas. Am 1. August 1664 siegte eine durch französische Truppen verstärkte Armee des Heiligen Römischen Reiches bei Mogersdorf über das türkische Heer. So blieb Graz verschont, und das Gelöbnis sollte nun eingehalten werden. Die Fragen der Kosten und des Aufstellungsorts blieben vorerst offen. Als Standort wurde schließlich der Platz vor dem Karmeliterkoster (Karmeliterplatz) gewählt. Der

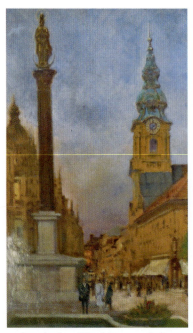

1928 malte Leo Diet (1857–1942) die Mariensäule mit Blickrichtung Süden.

Die Mariensäule am Karmeliterplatz; Andreas Trost, um 1700.

Karmeliterplatz war in der Gegenreformation ein ausgeprägt katholischer Teil von Graz, lag zwar im bürgerlich geprägten Graz des linken Murufers, aber etwas abseits des Stadtzentrums. Die Kosten für das Monument, das ein Symbol des Glaubens war, trugen die Landstände und das Stift St. Lambrecht.

Vom Karmeliterplatz zum Jakominiplatz

Das Denkmal, der Entwurf stammt vermutlich von Domenico Sciassia, zeigt eine Maria Immaculata. Zur ihrer Symbolik gehören der Sternenkranz und die Mondsichel. Um 1670 erfolgte die Herstellung der kannelierten Säule mit ihrem korinthischen Kapitel durch den Grazer Hofstuckgießer Adam Roßtauscher. Die Marienfigur ist eine Arbeit der Werkstätte Schanternell aus Augsburg. Die Statue besteht aus 46 verschraubten Einzelteilen aus Kupferblech und ist vergoldet. Caspar Andreas von Jacomini hatte den Ehrgeiz, seinen neuen Vorstadtplatz zu schmücken, und ließ die Mariensäule 1796 auf eigene Kosten auf den nach ihm benannten Platz übertragen.

Vom Jakominiplatz auf den Bismarckplatz

1927 erfolgte die Abtragung der Mariensäule zur Renovierung, gleichzeitig gab es aber die Argumentation, dass die Säule aus „verkehrstechnischen Gründen" (!?) hier nicht mehr aufgestellt werden sollte. Wohin mit diesem Denkmal? Ein Dutzend verschiedene Orte für eine Neuaufstellung wurde diskutiert. Eine Attrappe wurde vor der Mariahilferkirche, am Mehlplatz und am Bismarckplatz (1947: Am Eisernen Tor) aufgebaut, um die optische Wirkung beurteilen zu können. Der Mariahilferplatz wurde von einem Expertenteam als beste Lösung ausgesucht. Doch die Grazer und ihre Medien wollten das Denkmal am Bismarckplatz sehen. Dieser Initiative folgte die Gemeinde mit einem Beschluss vom 4. Mai 1928. Drei Tage später begannen die Bauarbeiten. Wäre einem Projekt folgend die Häuserfront zwischen dem Jakominiplatz und dem Bismarckplatz abgetragen worden und so ein neuer großer Platz entstanden, hätte die Marienfigur nach Süden auf diesen neuen Platz geschaut. So aber ist die Blickrichtung nach wie vor in Richtung Herrengasse.

Mariensäule wird politisch

1928 hatte der Verein Heimatschutz vorgeschlagen, die Mariensäule im Zeitgeist der konfliktreichen Ersten Republik künftig „Türkensäule" zu nennen. Der historische Zusammenhang besteht, allerdings ist diese kriegerische Konfrontation für Graz eine ferne Geschichte. In der Zeit der Namensgebung „Türkensäule" wurde 1936 aus dem Gasthaus Zum Stern in der Sporgasse das Türkenloch. Parallel dazu ist auf die Umbenennung des Tiefen Brunnens am Schloßberg zum Türkenbrunnen hinzuweisen, die erst im 19. Jahrhundert erfolgte. 1899 wurde der Platz am Südende der Herrengasse nach dem Kanzler des Deutschen Reichs, Otto von Bismarck, benannt. Bismarck war eine Leitperson der deutschorientierten Österreicher. Da Fürst Bismarck aber kein besonderer Freund Österreichs war, wurde der Platz 1947 zu „Am Eisernen Tor" um- und zurückbenannt. Einiges spricht dafür, dass jenes Tor ursprünglich das „Äußere Tor" war.

Am 25. Juli 1938 fand am heutigen Platz Am Eisernen Tor unter der Devise „Und ihr habt doch gesiegt" eine nationalsozialistische

Abbau der Mariensäule am Jakominiplatz.

Aufstellungsprobe mit Kulisse.

Die Mariensäule am Eisernen Tor als Pylon (NS-Siegessäule), Juli 1938.

Mariensäule mit Marienlift.

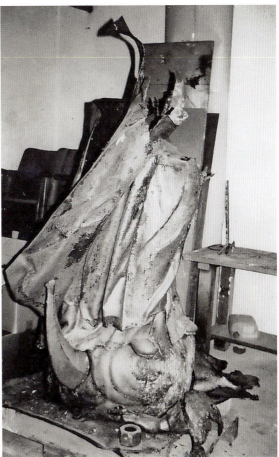

Die Maria Immaculata des 17. Jahrhunderts.   *Die Marienfigur nach dem Brandanschlag von 1988.*

Großveranstaltung statt. Zu diesem Anlass wurde die Mariensäule mit einem hölzernen Pylon (Obelisk) überbaut. Bei dieser Feier wurde verkündet, dass Adolf Hitler Graz den Titel „Stadt der Volkserhebung" verliehen habe. Dies in Bezug auf Verdienste der Stadt im Jahr 1934. Tafeln aus jener Zeit an Kaffeehäusern in der Mandellstraße und in der Leonhardstraße weisen allerdings diesen Titel, der gegen 1945 immer häufiger anstelle des Stadtnamens Graz verwendet wurde, den Ereignissen im März 1938 zu. Ohne Bezug zur Mariensäule soll hier festgestellt werden, dass sich das allerdings sehr deutschnational gesinnte Graz weder 1934 noch 1938 im Sinne des Nationalsozialismus so profilierte, dass der Titel „Stadt der Volkserhebung" in Konkurrenz zu anderen Städten des

Die Geschichte eines Denkmals

Eine Ansichtskarte (Colorlithographie) zeigt noch um 1920 die Mariensäule am Jakominiplatz.

damaligen Deutschen Reichs berechtigt gewesen wäre. Wohl aber stehen die Feier im Jahr 1938 und die damals überbaute Mariensäule in einem ursächlichen Zusammenhang mit der weitgehenden Zerstörung der Marienfigur im Jahr 1988. Eingedenk der Ereignisse des Jahres 1938 wurde die Säule nämlich 1988 als Kunst- und Geschichteaktion ähnlich verhüllt wie 50 Jahre zuvor. In der Nacht vom 2. zum 3. November erfolgte ein Brandanschlag, der die Marienfigur weitgehend zerstörte. 1990 konnte die Rekonstruktion wieder geweiht werden.

Ein Teil der Grazer glaubt an eine Wunderfähigkeit der Marienstatue und ehrt sie dementsprechend. Wie weit dies auf die Neufassung der Marienfigur übertragbar sein kann, ist eine Frage der Volksfrömmigkeit und letztlich der Theologie. Auch wie der „Marienlift" (Richard Kriesche, Kunstinstallation 2003–2007, nun im Ökopark Hartberg), um „in Augenhöhe mit Maria" zu sein, theologisch zu bewerten ist, bleibt unklar. Der Schlacht von Mogersdorf folgte nach wenigen Tagen der Friede von Eisenburg (Vasvár). Die Mariensäule steht für Konflikt und Frieden.

Zweimal Neutorgasse – oder doch nur eine?

Getrennt durch den Andreas-Hofer-Platz zeigt die Neutorgasse zwei recht unterschiedliche Bilder. Über das Kälberne Viertel, nun mitunter Kleine Neutorgasse genannt, soll ein anderes Mal berichtet werden. Hier begleiten Sie mich bitte zu einem historisch orientierten Spaziergang in den südlichen, geraden und mehrspurigen Teil der Neutorgasse.

Verwaltungsgebäude des Städtischen Gas- und Elektrizitätswerkes, 1934. (l.) Nicht ganz authentisch, aber so ungefähr zeigte sich bis um 1880 das Neutor mit der westlich anschließenden Bastei. (r. o.) Die vierspurige Neutorgasse als Geometerstraße um 1925 – ohne Autos verkehrsarm, wohl aber damals noch mit Linksverkehr. (r. u.)

Taufpate für den neueren Teil der beiden so unterschiedlichen Neutorgassen ist natürlich das Neutor. Als dieser Straßenteil, eine Halballee, errichtet wurde, musste das Neutor weichen. Das Neutor, erbaut Ende des 16. Jahrhunderts, bestand, ähnlich dem Äußeren Paulustor, aus einem massiven Wohnhaus mit einer Durchfahrt und zwei Toren. Zwischen den Toren war die Durchfahrt seitlich versetzt, um eine Eroberung zu erschweren. Erst fast 100 Jahre nach der Erklärung von Graz zur „offenen

Neutorgasse als Geschäftsstraße: Im Haus Nr. 47 versuchte Oscar Wunsch um 1910 Wünsche zu erfüllen.

Stadt" wurde das Torgebäude im Jahr 1886 abgetragen. Wäre es heute noch erhalten, dann stünde es zwischen der Hausnummer 44 und der Ecke des Joanneums zur Kalchberggasse quer über die Straße. Vor dem Tor befand sich der Neutorplatz, westlich davon gegen die Mur stand die Neutorbastei, zuletzt mit dem Meran-Garten darauf. Östlich verlief die Stadtmauer, die schon um 1800 abgebrochen worden war und so die Anlage des Botanischen Gartens des Joanneums ermöglichte. Der Verkauf dieses Gartens diente auch zur Finanzierung des neobarocken Museumsgebäudes des Joanneums (A. Gunold, 1895), wert eines eigenen Beitrags zum Joanneumsviertel.

Der Botanische Garten reichte bis zur Radetzkystraße und zum Jakominiplatz. Der Neutorplatz westlich davon war um 1860 als Johannesplatz zum Standort für ein Erzherzog-Johann-Denkmal vorgesehen. Kurz später gab es hier das Projekt, die Technische Hochschule, eine Gründung im Auftrag des Joanneums, zu errichten.

Zentrum für Post & Telephonie

Realisiert wurde hier jedoch als historisch gestalteter monumentaler Häuserblock die Hauptpost (Architekt Friedrich Seitz, 1887). Die ursprüngliche Abfolge von Stiegen, Portal, Haupthalle mit Glasdach, Treppe und Galerie gibt es nicht mehr. Der Plan einer Aufstockung scheiterte glücklicherweise. Einst war das Gebäude das gesamtstädtische Zentrum für Post & Telephonie. Es hatte einen 24-Stunden-Dienst und eine Menge österreichischer und internationaler Telefonbücher. Heute befindet sich hier die interessante Kombination aus einem Studentenheim und dem Arbeitsmarktservice Graz-Ost, ergänzt durch das Postamt 8010, 8011. Im Sommer kann man hier festlich gekleidete Musikstudenten aus den USA-beobachten: Seit 1970 gibt es in Graz das AIMS-Festival, nur 2020 musste es aus den bekannten Gründen abgesagt werden.

An der Ecke Neutorgasse 38 zum heutigen Andreas-Hofer-Platz wurde 1930 bis 1935 das Verwaltungsgebäude der Stadtwerke (nun Graz

1887 war die Hauptpost, ein monumentaler Häuserblock, fertiggestellt. Das Gebäude, ein Symbol der neuen Urbanität in Graz, wurde mehrfach umgebaut und wechselte auch seine Funktionen.

Das Landesmuseum Joanneum wurde 1895 durch Kaiser Franz Joseph eröffnet. Es wäre eines eigenen Beitrags würdig.

Holding) errichtet. Beim fiktiven, wohl aber groß gefeierten 800-Jahr-Jubiläum der Stadt im Jahr 1928 gab es einen Wettbewerb für diesen Bau. Gewonnen hatte Rambald von Steinbüchel-Rheinwall. Das funktionell gut geplante und moderne Gebäude erntete einst wenig Lob und viel Tadel. Heutzutage wird es von Experten geschätzt und war 2018 (100 Jahre Republik) einer der vom ORF ausgewählten 100 Herzeigebauten. Im Erdgeschoß wurden elektrische Haushaltsgeräte ausgestellt. Der Treppenturm täuscht ein Hochhaus vor. Zeitlich parallel dazu wurde 1932 das Hochhaus in der Wiener Herrengasse fertiggestellt. Unser „Hochhaus" hatte bis in die 70er-Jahre einen Paternoster-Aufzug. Obwohl es ungefährlich war, konnte man/ich oben und unten das vermeintliche Umdrehen der Kabine fürchtend, die Reise fortsetzen. Nebenbei kann berichtet werden, dass sich am Treppenturm eine Flakstellung befand.

Stall von Mischko und Schani

Das Haus Neutorgasse 40 sucht man vergeblich. Es stand als denkmalgeschützter Biedermeierbau im Hof des Stadtwerkegebäudes. In den 1970er-Jahren musste es dem Rechenzentrum der Stadtwerke weichen. Inzwischen ist der Raumbedarf für ein Rechenzentrum viel geringer geworden, deswegen zog ein Teil der Holdingverwaltung ein.

Im Haus 42 befand sich die Verwaltung der Spedition Kloiber und gleichzeitig seit den 1880er-Jahren das erste Reisebüro der Stadt. Die

Ein seltener Blick auf die Innenseite des Neutors um 1880. Links seitlich das Dreigiebelhaus, das sich an der Ecke zur Landhausgasse befand; coloriert.

Ecksteine der Hofeinfahrt sollten eine Beschädigung von Kutschenrädern verhindern. Im Hof gab es eine Remise für zwei Kutschen und um 1900 den Stall für zwei Pferde, Mischko und Schani. Zeitnäher ist die Erinnerung an den Abverkauf von Stiefelkönig-Schuhen.

Im Eckhaus Nr. 44 befand sich das Café Post, räumlich verkleinert dann das Café Postillon. Ein Teil des Kaffeehauses wurde zum Autosalon der Firma Salis & Braunstein. Nur mehr die Panoramascheibe erinnert daran. Innerstädtische Autosalons waren in den 1950er- bis 1970er-Jahren modern. Es folgten einige Nachmieter, so ein 10-Schilling-Shop und ein Nobel-Secondhand-Room.

Die Hausecke Nr. 47 war durch die aufwendige Architektursymbolik für die Wechselseitige Versicherung janusgeprägt. Nach einem Bombenschaden gibt es nun eine bescheidenere Eckengestaltung in Glas. Straßenseitig erinnern sich ältere Grazer an den Installationsbetrieb Duller und das Papiergeschäft Ludwig. Wichtig für letzteres war die gegenüberliegende Hauptpost.

Seit mehr als 100 Jahren wird im Haus Nr. 48 Gösserbier getrunken. Der Betrieb hat im ersten Stock große Raumreserven. Vor etlichen Jahren wurde dort auch Theater gespielt. Zwei alte Kastanienbäume bringen in dem kahlen Innenhof Biergarten-Atmosphäre. Das Eckhaus zum Joanneumring (1897) gehörte unter dem Namen „Haus der Kaufmannschaft" dem Kaufmännischen Versorgungsverein, einer Frühform der Handelskammer (nun Wirtschaftskammer). Daran erinnert eine Widmungstafel im Hausflur, der auch ein Nebenausgang des Ringkinos (Joanneumring 22) war. Das Ringkino entstand als „Kriegswaisenkino" als Finanzierungshilfe für Opfer des Ersten Weltkriegs. Die Neutorapotheke, 1917 eingerichtet, stand ursprünglich auch mit dem Sozialauftrag in Verbindung.

Die Neutorgasse ist nun Objekt planerischer Begierde. Mit Sorge und Hoffnung sehen wir, ihre Bewohner, aber auch ihre Benutzer der Zukunft entgegen.

Der Kaiser-Josef-Platz – typisch Graz

Kaum anderswo in Graz treffen so unterschiedliche Welten zusammen wie auf unserem Kaiser-Josef-Platz. Auch dieser Platz hat seine Geschichte.

Luftbild vom Kaiser-Josef-Platz; Foto Langhans, Fürstenfeld, 1984.

Die Geschichte des Holzplatzes, so der alte Name, beginnt mit dem Jahr 1824 interessant zu werden. Damals wurde – das Toleranzpatent Kaiser Josefs II. von 1781 nutzend – an diesem Ort mit dem Bau einer evangelischen Kirche begonnen. Auf zwei Seiten des Platzes entstanden, typisch für die Leonhardvorstadt im späten 19. Jahrhundert, gründerzeitliche Wohnhäuser. Im Nordwesten schloss 1899 das neue Stadttheater, unsere heutige Oper, den Platz ab. Zwar sieht man von hier nur die Rückseite der Oper, aber auch diese ist voll neobarocker Attraktion. 1881 bekommt der Platz in Anerkennung von „100 Jahren Toleranz" den Namen des Kaisers von 1781: Kaiser-Josef-Platz.

Marktleben am Kaiser-Josef-Platz im Jahr 1931.

Der Bauernmarkt in der City

Den städtischen Bewohnern wurde hier 1872 ein Bauernmarkt gewidmet. Kurz wird dieser auf den benachbarten Jakominiplatz verlegt, aber schon bald kehrt er wieder hierher zurück. Seit fast 150 Jahren werden nun wochentags die Marktstände auf- und auch abgebaut. Jahrzehntelang kannten viele den Platz auch als nachmittäglichen und nächtlichen Parkplatz. Das hat sich mittlerweile geändert. Spätestens seit 1900 gibt es eine Diskussion über die bescheidene Infrastruktur und die hygienische Qualität der Marktstände und Verkaufshütten. Heute kann man mit gutem Gewissen dazu sagen: Wir arbeiten daran.

Unser „Bauernmarkt" am Kaiser-Josef-Platz ist eine glückliche Verbindung von Stadt und Land. Das bunte Marktleben scheint Produzenten und Konsumenten zu gefallen, vielleicht sogar Freude zu machen. Mehrere Sinnessysteme werden hier angesprochen: Sehen, Sprechen, Hören, Riechen, womöglich sogar Angreifen und Kosten. Oft kennen sich die beiden sonst so fernen Personengruppen schon persönlich, womöglich sogar beim Namen. Hausfrauen und Hausmänner wissen, wo es ihrer Meinung nach das beste Angebot an Salaten oder an Obst, an Eiern oder auch Fleisch gibt. Selbstverständlich gibt es hier auch Blumen, Käse, Honig, Kräuter usw. In Ergänzung zum Markt existieren am Rand des Platzes Lokale, in denen wiederum zwei recht unterschiedliche Personengruppen vertreten sind.

Der Markt lebt

Der Kaiser-Josef-Platz und sein Markt sind auch ein Spiegelbild der sozialen und wirtschaftlichen Entwicklung. In Kriegszeiten und bei Wirtschaftskrisen schrumpfte das Angebot besorgniserregend. Mehrfach fehlte das Geld, oft auch die Waren. Heute sind diese Zeiten der hungrigen Warteschlangen und restriktiven Essensmarken kaum mehr vorstellbar. Sprache und Kleidung, Verhalten und Kommunikation zeigen das Wechselspiel zwischen Zeitgeist und Tradition, zwischen Stadt und Land. Als vor kurzer Zeit ein Fernsehsender ein einfühlsames Graz-Bild aufnahm, war der Platz selbstverständlich ein willkommenes Demonstrationsobjekt. Auch bemühte Fremdenführer bringen mitunter ihre Gästegruppen hierher. Je nachdem, wie man es sehen will, herrscht totales Chaos oder marktrechtliche Ordnung. Das schmale Gleichgewicht zwischen

In den Kriegs- und ersten Nachkriegsjahren standen Frauen vor dem Geschäft mit dem dürftigen Angebot am Kaiser-Josef-Platz Schlange.

Überorganisation und Rechts- und Regelfreiheit ist die Attraktion des Kaiser-Josef-Platzes. Es ist zu hoffen, dass dies auch in Zukunft so bleibt. Der Markt und seine Nutzerschaft zeigen ein sich ständig änderndes Bild. Das betrifft besonders das Angebot im Ablauf der Jahreszeiten. Demnächst sehen wir uns wieder – am Kaiser-Josef-Platz?

Der Fischmarkt (nun Andreas-Hofer-Platz) – alle sprachen aber nur vom Fischplatz – in den 1930er Jahren.

Markt am Hauptplatz; Hans Götzinger, um 1900.

Die Verbürgerlichung im Grazer Osten

Jeder, der Graz kennt, weiß, dass die Stadt recht unterschiedliche Bezirke hat. Diese Disparität gibt es natürlich auch anderswo. Schauen wir uns hier als Beispiel den Bezirk Geidorf an.

Auch im Bereich der Rechbauerstraße (Ecke Schützenhofgasse) gab es vor den gründerzeitlichen Neubauten eher bescheidenen Vorstadtcharakter.

Auch ohne das mit konkreten Zahlen zu belegen, kann festgestellt werden, dass Geidorf zu den Bezirken gehört, die in Graz im Durchschnitt eine hohe Lebensqualität bieten. Ob Student oder Akademiker oder auch keines von beiden: Der Bezirk wird besonders durch seinen Universitätsstandort geprägt. Das trifft in erster Linie für den innenstadtnahen Bereich zwischen Elisabethstraße und Heinrichstraße zu. Es gab natürlich auch ein Geidorf vor der Universität, und es gibt auch ein Geidorf ohne Universitätsbezug. Aber bei Fragen, was denn für den III. Stadtbezirk am charakteristischten ist, wird meist die Universität genannt. Wenn man sie, die „Alma Mater Carola-Francisca Graecensis", als Betrieb betrachtet, dann ist er, zählt man die Lehrenden und die Lernenden zusammen, der

Teile des Bezirks Geidorf erhielten durch die Universität Ende des 19. Jahrhunderts einen neuen Charakter. Das Hauptgebäude wurde 1895 fertiggestellt.

größte der Stadt. Insgesamt hat der Bezirk Geidorf viele Bildungs- und Sozialeinrichtungen. Versucht man, den Bezirk zu charakterisieren, so ist er ein typisch bürgerlicher. Wie kam es dazu?

Das neue Graz um 1900

Anders als im Westen des alten Graz, in der Murvorstadt, gab es im Osten wenig Wirtschaftseinrichtungen und daher auch wenige Arbeiter. Die Eisenbahn und die damit verbundene Industrie verstärkten die Entwicklung. Drei Plätze (Lend-, Gries- und Murplatz, heute Südtirolerplatz) an der Nord-Süd-Hauptstraße bildeten die Traditionssubstanz am rechten Murufer. Zur Mur und dann zur Gürtelstraße verschoben, blieb der Hauptverkehr mit dem städtischen Westen verbunden. Im Osten kam es zu keinen Gürtelstraßen, höchstens zum Stau am Glacis und in der Merangasse.

Neues Bürgertum und die Universität

Erst das starke Wachstum von Graz im späten 19. und im 20. Jahrhundert prägte den Bezirk so, wie wir ihn kennen und hoffentlich auch schätzen. Wesentlich zu diesem Bild hat die Verlagerung der Universität von der Stadtmitte in die Geidorfvorstadt beigetragen. Ab 1870 entstand in einer jahrelangen Entwicklung die neue Universität. Auf ehemaligen Getreidefeldern des Leechfeldes wurden die Institutsgebäude und das im Neo-Renaissancestil gestaltete Hauptgebäude errichtet. Erzherzog Karl II. von Innerösterreich, der Stifter von 1585, und Kaiser Franz I. als Wiederbegründer 1827 sind die Namensgeber, und

Das Leechfeld als Weizenfeld noch ohne Universität um 1845 auf einem Ölbild von Conrad Kreuzer.

ihre Statuen zieren die Fassade. Der Schlussstein des Hauptgebäudes wurde von Kaiser Franz Joseph 1895 gelegt. Es ist bemerkenswert, dass in Graz zu einer Zeit, als die alte Welt allmählich zerbrach und politischer Unfrieden herrschte, in einer Art später Gründerzeit so viele öffentliche Monumentalgebäude entstanden. Genauso verwunderlich und erfreulich war der wissenschaftliche Höhenflug der Univer-

Vorgärten, wie hier in der Bergmanngasse, charakterisierten die Bauten für das neue Bürgertum.

sität in der Zeit der Ersten Republik. In dieser sozial und politisch äußerst ungünstigen Epoche war die Grazer Uni eine Forschungsinstitution, deren Professoren mit Nobelpreisen geehrt wurden.

Das bürgerliche Graz und seine soziale Orientierung

Die „Stadt der Studierenden", heute würde man von einem universitären Campus sprechen, fand ihre Ergänzung in der „Stadt der Kranken" (1905–1912), dem ebenfalls im Pavillonsystem errichteten Landeskrankenhaus seine Ergänzung. Das LKH liegt übrigens im Bezirk Geidorf! Parallel dazu entstanden und entstehen Einrichtungen, die zur Universität und zum Krankenhaus passen. Die alte Leonhardstraße wurde durch die geradlinige, auf die Leonhardkirche ausgerichtete Elisabethstraße in ihrer Funktion ersetzt. Die alte Heinrichstraße (ehemals Geidorfer Straße) erhielt in ihrem stadtnahen Teil eine neue Bebauung. Das urbane Planungskonzept um 1900 wünschte möglichst gerade Straßen mit einer blockartigen geschlossenen Verbauung. Das Innere der Baublöcke sollte begrünt der Erholung dienen. Allerdings teilte man diese Grünflächen abgegrenzt den einzelnen Häusern, meist waren es Miethäuser, zu. Zu für die Mieter nutzbaren Gärten kam es kaum. Auch die straßenseitigen Vorgärten folgten meist nur einem urban-ästhetischen Auftrag.

Die Straßennamen, beispielsweise bezogen auf Humboldt, Goethe oder Grillparzer, sollten den Bildungsanspruch der Bewohner manifestieren. Die bürgerlichen Aufsteiger jener Bauzeit blieben meist und gerne unter sich. Der Standard der Bevölkerungsmehrheit hob auch die sozialen Chancen jener Bewohner, die nicht so recht in das damals neue Wohlstandskonzept passten. Das Vermieten an Studenten war und ist ein Teil des Sozialsystems. Zur Nobilisierung der Geidorf- und Leonhardvorstadt trugen auch etliche Adelsfamilien durch ihre Palais bei. Die Elisabethstraße, die Beethovenstraße und die Strassoldogasse bezeugen noch heute den Repräsentationsanspruch jener Hausherren.

Die Umweltwerte, sieht man von einzelner Verkehrsbelastung ab, liegen allein schon wegen der lockeren Bebauung und der begrünten Flächen im äußeren Randbereich über dem Grazer Durchschnitt. Für die Bomben des Weltkriegs gab es hier fast keine lohnenden Ziele. Auch wenn Geidorf nicht nur aus der Universität und den Bereichen am Rosenberg besteht, gehört der Bezirk zu den Gunstgebieten der Stadt.

Quer durch das Luftbild verläuft die Rechbauerstraße. Die Stadtplanung der Gründerzeit bevorzugte gegen die Straße geschlossene Häuserfronten mit historisch gestalteten Fassaden. Das Innere der Häuserblöcke sollte begrünt sein. Allerdings stand dieses Grün nicht in allgemeiner Nutzung.

Zwischen Kepler- und Radetzkybrücke

Mit (relativ) seltenen Bildern sollen anhand eines historischen Spaziergangs Altes und Ehemaliges im innerstädtischen Bereich der Mur illustriert und erklärt werden.

Blick über die Tegetthoffbrücke und die Franziskanerkirche auf den Schloßberg, um 1910.

Die Sackstraße reichte bis Ende des 19. Jahrhunderts – beidseitig verbaut – bis zur heutigen Wickenburggasse. An ihrem nördlichen Ende, dort wo der Mühlgang einmündete, befand sich eine Bastei. Auf ihr wurde um 1829 das städtische Inquisitenhaus (Kriminal, Gefängnis) errichtet. 1897 wurde dieses mächtige und finster wirkende Gebäude im Zusammenhang mit der Errichtung der Kaimauern und der Kaistraße abgerissen. Nur mehr zwei Tragsteine an der Mauer Kaiser-Franz-Josef-Kai 62 erinnern an eine Brücke, die vom Kriminal über die Sackstraße zu den Gefängniseinrichtungen auf der Schloßbergseite führte.

Das trutzige Gebäude wurde schon nach 70 Jahren abgerissen. Es kann angenommen werden, dass es auch als Festung zum Schutz der Stadt geplant wurde. Die Zellen waren klein und länglich. Jeweils ein kleines

Graz? Ja! Das Kriminal, abgebrochen 1897. Heute wäre die Adresse Kaiser-Franz-Josef-Kai 57–59.

Ein östliches Kettenhaus der Franz-Karl-Kettenbrücke bei der Eröffnung am 25. November 1845.

Fenster gab es an der Außenfront. Die Innengänge führten um den Hof. Als Gefängnis hatte es schon 1895 ausgedient. In jenem Jahr wurde in der „Verlängerten Jakominigasse" (Conrad-von-Hötzendorf-Straße) das Landesgericht für Strafsachen mit seinem Zellentrakt fertiggestellt. Die Grazer waren auf das Gebäude an der Mur nicht sonderlich stolz, und in den wenigen Jahren seines Bestands schwiegen die meisten Graz-Führer in Buchform über das auffallende Gebäude.

Eine zweite Kettenbrücke

1836 wurde die erste Grazer Kettenbrücke, benannt nach Kaiser Ferdinand I., feierlich als Mautbrücke in die Nutzung übernommen. Sie war eine Vorgängerin der heutigen Keplerbrücke. Hier möchte ich aber über die zweite Grazer Kettenbrücke berichten. Die Kettenbrücken in Graz waren eine spezielle Form der Hängebrücken, deren Brückendeck durch Ketten oder Drahtseile, an Kettenhäusern verankert, getragen wurden. Das Hochwasser von 1827 entsorgte die Holzbrücke, die über die Murgasse die Stadtmitte mit der Murvorstadt verband. Dann gab es bis 1844 ein Provisorium. Nun folgte, nach Belastungsproben, die zweite Kettenbrücke, sozusagen der Großvater der gegenwärtigen Erzherzog-Johann-Brücke (zuvor bis 2009 nicht sehr originell Hauptbrücke genannt). Vier Kettenhäuser trugen die nach Erzherzog Franz Carl benannte Brücke aus dem Jahr 1844. Die neue Brücke sollte bald in Verbindung mit dem neuen

Die über die Mur gebauten Schlachtbrücken des Kälbernen Viertels; Ölbild von Nicolas Chapuy, um 1845.

Bahnhof von wachsender Bedeutung sein. Aber sie war reparaturanfällig und schließlich sogar für ihre Benutzer gefährlich. Es gab keinen Zugang zu den Kettenkammern, und man zweifelte berechtigterweise an der Erhaltung der Kettenanker. Nach langem Zögern kam 1890 der längst fällige Neubau – es war jene im Zeitgeist großstädtisch geschmückte Brücke, von der wir uns 1964 verabschieden mussten.

Die Schlachthausbrücken

Das Kälberne Viertel war der Traditionsname für die nördliche Neutorgasse. Als man diesen alten und schmalen Teil der Neutorgasse um 1950

Projekt der Handelskammer am Fischplatz (Andreas-Hofer-Platz), um 1912.

Auch um Mitternacht präsentiert sich die Stadtmitte eindrucksvoll.

offiziell so benennen wollte, protestierten einige dort ansässige Geschäftsleute. Sie fürchteten, sich mit diesem Straßennamen lächerlich zu machen. Die Bezeichnung Kälbernes Viertel hängt mit den Schlachtbänken zusammen, die sich dort murseitig befanden. Ein Teil der Schlachtbetriebe war in Holzbauweise über das Flussufer gebaut. Sehr praktisch – denn was man nicht brauchen konnte, entsorgte unfreiwillig die Mur. Es wird berichtet, dass sich die Nonnen im nahen Karmeliterkloster – heute würde man am Andreas-Hofer-Platz sagen – über das Blut in der Mur beschwerten. In die zeitweise gesperrte nördliche Neutorgasse wurde Vieh zum Schlachten getrieben. Besonders die langhörnigen ungarischen Rinder interessierten und erschreckten die Grazer. Die miserablen hygienischen Zustände beunruhigten ab 1865 die Stadtverwaltung. Statt des ländlich bewirtschafteten Stübinger Hofs zwischen Mur und Mühlgang im Bezirk Gries wurde 1877 ein großer städtischer Schlachthof errichtet. Das war spätestens auch das Ende des Kälbernen Viertels.

Bis in 1920er-Jahre gab es am späteren Fischplatz (Andres-Hofer-Platz) das ehemalige Monturdepot im Klosterbau der Karmelitinnen.

Keine Handelskammer am Fischplatz

Als unter Kaiser Josef II. das Kloster der Karmelitinnen (heute würde man sagen: am Andreas-Hofer-Platz) aufgelassen wurde, machte die Militärverwaltung aus dem Kloster samt Kirche ein Monturdepot. Im Zurüsten für einen großen vorhersehbaren Krieg wurde 1907 in Gösting ein riesiges neues Monturdepot errichtet. Das innerstädtische Militärmagazin war nun überflüssig. Kurz vor dem Ersten Weltkrieg wurde hier ein Verwaltungsgebäude der Handels- und Gewerbekammer für die Mittel- und Untersteiermark (heute Wirtschaftskammer) geplant. Dieses Projekt des Kammerpräsidenten und Speditionsunternehmer Franz Kloiber scheiterte am Weltkrieg. In der Folge wurde das ehemalige Kloster in mehreren Phasen bis Anfang der 1930er-Jahre abgebrochen. So entstand ein Marktplatz, der offiziell Fischmarkt, inoffiziell Fischplatz hieß. 1947 wurde der nun für den Busverkehr genutzte Platz in Andreas-Hofer-Platz umgetauft.

Der Stadtkeller (Andreas-Hofer-Platz) hatte noch in den 1960er-Jahren einen Gastgarten auf der Murböschung.

Vor dem Abbruch der Kaiverbauung sah es zwischen der Ferdinandsbrücke (nun Keplerbrücke) und der Franz-Karl-Brücke (nun Erzherzog-Johann-Brücke) so aus; koloriert.

Der XVII. und jüngste Bezirk

Vor über 30 Jahren erhielten die Bewohner Puntigams nach langem Zögern der Gemeinde ihren eigenen Bezirk. Grund genug, um sich diese kommunale Entwicklung anzuschauen.

Schon um 1900 der Leitbetrieb in Rudersdorf-Puntigam: die Großbrauerei.

Der Wunsch von Graz nach Stadterweiterung geht zumindest auf eine Diskussion zwischen Beamten und Kommunalpolitikern im Jahr 1891 und einen Beitrag im Morgenblatt der „Tagespost" vom 7. November 1891 zurück. Damals war die Brauerei im heutigen Puntigam schon ein urbanes Objekt der Begehrlichkeit von Graz. Dies vor allem der Steuereinnahmen wegen. Aus dem gleichen Motiv war die Gemeinde Feldkirchen interessiert, den nördlichen Teil ihres Gebiets (Katastralgemeinde Wagram) samt der Brauerei zu behalten. Nach 50 Jahren vergeblicher Verhandlungen wurde 1938 die Stadterweiterung beschlossen und als Verordnung des Landeshauptmanns (Gauleiters) mit der formalen Wirksamkeit vom 30. September 1938 veröffentlicht. 17 Gemeinden waren von der Stadterweiterung ganz oder teilweise betroffen. Die Mehrheit dieser Gemeinden versuchte, allerdings vergeblich, sich der Eingemeindung zu entziehen. Noch im Juni 1938 war ein noch viel größeres neues Groß-Graz geplant.

236 Der XVII. und jüngste Bezirk

Zuerst war noch die ganze Gemeinde Feldkirchen als ein Teil des neuen Graz vorgesehen.

Schließlich blieb es aber für Feldkirchen beim Verlust der Katastralgemeinde Wagram, nun Rudersdorf. Den neuen stadtinternen Verwaltungsgrenzen folgend gab es nun von 1938 bis 1945 einen neuen Bezirk Graz-Südwest. Er umfasste das ebenfalls 1938 eingemeindete Straßgang,

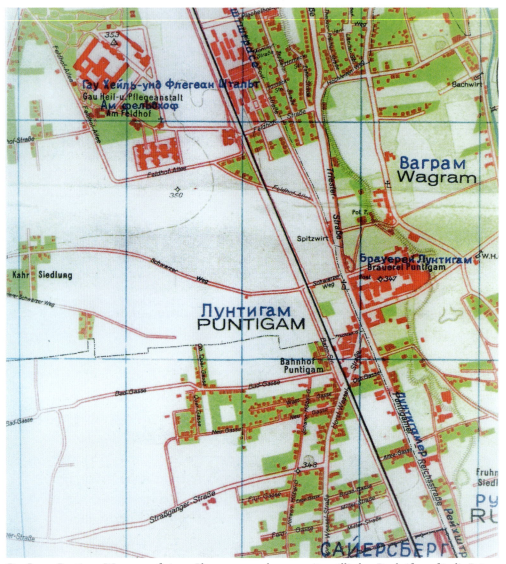

Der Raum Puntigam-Wagram auf einem Plan von 1943, der 1945 mit zyrillischer Beschriftung für die Rote Armee adaptiert wurde.

das ehemals Feldkirchner Rudersdorf und den Südteil des V. Stadtbezirks Gries. So wollte man einer neuen Stadtplanung dienlich sein, aber auch die traditionellen Identitätseinheiten der ehemaligen Gemeinden auflösen. Auch wenn die Einteilung in acht nach Himmelsrichtungen plus Graz-Mitte bezeichnete Bezirke nicht einmal von der Parteiorganisation der NSDAP nachvollzogen wurde, blieb diese Einteilung bis 1945, de jure sogar bis 1946 bestehen. Da, zum Unterschied von Groß-Wien, im Fall der flächengroßen Stadterweiterung Graz keine Landesgrenzen verändert wurden, konnte Graz den großen Gewinn an Fläche und den mittelgroßen an Bewohnern auch nach 1945 behalten. Allerdings kehrte man meist zu den alten Gemeindegrenzen, die nun zu Bezirksgrenzen wurden, zurück. So gab es nun wieder ein Straßgang, jetzt als XVI. Bezirk, aber kein Puntigam. Die KG Rudersdorf (Puntigam) gehörte nun verwaltungsrechtlich zu Straßgang. Über das Motiv für diese Lösung kann nur spekuliert werden. Ähnliches geschah für den VII. Bezirk (Liebenau), der nun aus den ehemaligen Gemeinden Liebenau, Engelsdorf, Neudorf, Murfeld und einem Teil von Thondorf bestand.

Einsam steht um 1880 eine modisch gekleidete Frau südlich der Brauerei auf der Triester Straße.

Eigener Bezirk gewünscht

Auch wenn in Graz die Rechte der Bezirke und ihrer politischen und verwaltungsrechtlichen Vertretung gering sind, die Lösung Straßgang plus Puntigam als XVI. Bezirk wurde im ehemaligen Feldkirchner Teil von Graz mehrheitlich nicht gutgeheißen. Entlang der Triester Straße und der Kärntner Straße entstand keine gemeinsame und einheitliche Identifikation. Das Bezirksamt Straßgang (Kärntner Straße 411) hatte zwar eine Expositur Puntigam (Nippelgasse 44), so richtig zufrieden war man trotzdem nicht. Aus kirchlicher Sicht war die KG Rudersdorf einmal zu Feldkirchen, dann wieder zu Straßgang zuständig. Zu weit war die Kirche in Straßgang als Pfarre entfernt. Der jahrelange Weg der

238 Der XVII. und jüngste Bezirk

Der Spitzwirt um 1900 an der Grenze zwischen Graz und Feldkirchen.

Entwicklung zur Pfarre führte von 1940 (Zentralfriedhofskirche) über eine Pfarr-Expositur (1969) zur Pfarre Puntigam (St. Leopold, 1975). Die Puntigamer hatten trotz der Pfarre Straßgang ihren Friedhof teilweise in Feldkirchen. Auch die Geschäfte in Straßgang waren zu weit weg und für Puntigam gegenüber dem städtischen Norden und sogar gegenüber Feldkirchen wenig konkurrenzfähig. Kaum einem Bewohner Puntigams wäre es eingefallen, sich als Straßganger zu bezeichnen. Vermutlich glaubten viele Bewohner Puntigams ohnedies, in einem eigenen Bezirk zu wohnen.

Das verdoppelte Puntigam

Erst vor 33 Jahren änderte sich in Graz die Bezirkseinteilung ein letztes Mal. Am 30. Oktober 1986 beschloss der Gemeinderat die Einrichtung eines XVII. Bezirks mit dem Traditionsnamen Puntigam. Mit der Konstitution eines neu gewählten Gemeinderats kam es dann am 1. März 1988 zur Errichtung des Bezirks. Im Vorfeld dieser Entscheidung gab es einige Konflikte und parteistrategische Überlegungen. Weder der Bezirk Gries noch die von der Bezirksgründung betroffenen Teile des Bezirks Straßgang waren mit der Begrenzung des neuen Puntigam einverstanden.

Erschwert wurde die Diskussion dadurch, dass es auch im alten Straßgang einen Ortsteil mit der Bezeichnung Puntigam gab. Der Bezirk Gries verlor nun seinen „Spitz" (0,5 Quadratkilometer), einen Teil, der südlich des Zentralfriedhofs und der Hans-Groß-Gasse spitzförmig nach Süden bis zum ehemaligen Spitzwirt führte. Der Bezirk Straßgang verlor an den neuen Bezirk Flächen westlich der Südbahnlinie (2,2 Quadratkilometer). So wuchs der neue Bezirk gegenüber dem alten, ehemals zu Feldkirchen gehörigen Teil Rudersdorf von 3,3 auf 6,2 Quadratkilometer. 2017 hatte das neue Puntigam über 7000 Bewohner, Tendenz stark steigend.

Ab 1900 verband die Tramwaylinie 6 die Stadt mit der Brauerei. Die Linie wurde auf Wunsch und mit Kostenbeteiligung der Brauerei Puntigam errichtet.

Nach einer längeren Diskussion über den Ursprung des Namens Puntigam wurde mehrheitlich festgestellt, dass es sich hier um einen Familiennamen handelt. Auch gab es einen Puntigamerhof. Über jene Familie Puntigam wissen wir genauso wenig wie über den Walter des Bezirksnamens Waltendorf oder über den Wetzel, dem Wetzelsdorf

Praktisch: Brauereiarbeiter, Feuerwehr und Kapelle in einem.

seinen Namen verdankt. Für die Mehrheit der Grazer ist der Bezirksname mit der Brauerei verbunden. Diese wird erst seit etlichen Jahrzehnten so bezeichnet. Puntigam ist aber mehr als die Brauerei. Auch wenn beides noch immer miteinander verbunden ist.

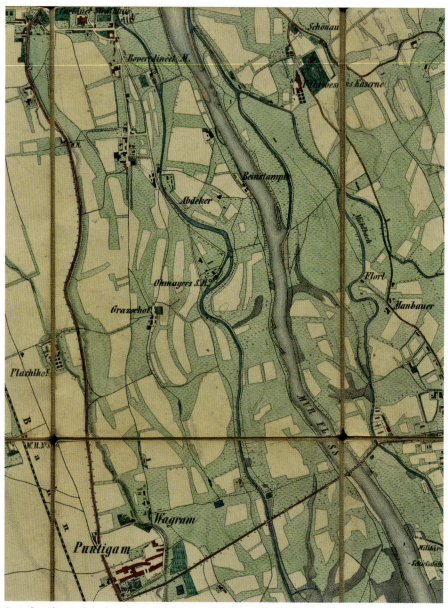

Zwischen der Karlau (Norden) und der Brauerei Puntigam (Süden) gab es um 1870 fast nur Natur.

So nah bei Graz: der Thalersee

Schon um 1825 weckte die abseitige Gegend jenseits der im Westen das Grazer Feld abschließenden Hügelkette das Interesse aufgeweckter Grazer.

Der spätwinterliche Thalersee aus der Perspektive eines Heißluftballons, 1985.

Die Burgruine von Unterthal und das Schloss Oberthal werden in Berichten über das Grazer Umland mehrfach zitiert. So richtig bekannt wurde den Grazern Thal aber erst durch den Thalersee. Spätestens mit der Rechtschreibreform von 1901 sollte das „h" nach dem „T" verschwinden. Aber nicht nur beim damals gewichtigen Wort Thron blieb es bestehen, sondern auch bei Eigennamen. Und so blieb Thal Thal. Über den Gaisbergsattel sollte man zum Thalersee wandern oder aber über Gösting oder über die Steinberghöhe fahren. Die Endstation der Tramwaylinie 3 beim Schloss Gösting verkürzte von 1901 bis 1955 den Weg nach Thal, und ab 1934 fuhr die städtische Buslinie 4 vom Lendplatz zum Thalersee.

Einst Rummel in, am und um den Thalersee

Um 1930 bot der Thalersee die Ausstattung eines Badezentrums.

In der Gemeinde Thal gab es, wie auch zu erwarten war, im Laufe der Ortsgeschichte durch das Aufstauen von Bächen Teiche. Die Teiche bedurften der Pflege und Kontrolle. Im späten 19. Jahrhundert ging das Interesse an solchen Fischteichen zurück, sie wurden meist wieder zu Wiesen. Der für Thal und auch Graz bedeutsame Thalersee entstand erst erstaunlich spät. Der Thalersee wurde um 1920 durch den Brauunternehmer Hans von Reininghaus angelegt. Genau genommen ist der Thalersee ein Teich, und übrigens ist unsere Murinsel nach traditioneller Begriffserklärung ein Floß. Walter Brunner, der 1994 die Ortsgeschichte von Thal veröffentlichte, berichtet, dass dieser und andere kleinere Teiche erst im Herbst aufgestaut wurden, da man das Eis des Winters zum Kühlen für den auf Bier und Alkoholgetränke spezialisierten Betrieb von Reininghaus auf dem Eggenberger Steinfeld brauchte. In Eiskellern wurde das Eis gelagert. 1925 ließ Reininghaus zur ganzjährigen Nutzung ein Strandbad im damals modernen Stil errichten und als „größtes Strandbad der Steiermark, das Wasser so klar wie der Wörthersee und so warm wie die Adria" bewerben. Das Gelände umfasste 65.000 Quadratmeter. Das neue Restaurant, auf einer Ruine errichtet, bot 100 Plätze. Als Service gab es ein Rettungszimmer und Einrichtungen für Auto- und Radfahrer. Nach zwei Jahren erfolgreichem Betrieb wurden zu den 92 Umkleidekabinen noch 50 dazugebaut. Die Badeordnung war dem Wiener Gänsehäufl-Bad angeglichen. Beim „See" gab es bald Verkaufsbuden, einen Musikpavillon, Kaffeehaus, Milchhalle und 58 Bänke. Von einer zehn Meter hohen Rutsche (Wassertobogan) ging es auf kleinen Schlitten ins Wasser. Der Thalersee war nun Bühne großer Wassersportveranstaltungen, organisiert von einem Badedirektor. Dem Erfolg entsprechend zählte man Tausende Badegäste, bei einem Sportfest sollen es sogar 24.000 gewesen sein. Es gab Ruderboote, und sogar Segelschiffe wurden vorgestellt. Im Winter konnte man eislaufen, und auf den nicht gerade steilen Hängen westlich des Thalersees drängelten sich Schifahrer. Sogar Moor und Schlamm vom Teichboden waren unter Hinweis auf ihre Heilwirkung ein Geschäftszweig.

Eingeschlafen und aufgeweckt

Die Konjunktur rund um den Thalersee überdauerte in reduzierter Form den Weltkrieg und den Abbruch der hölzernen Infrastruktur. 1952 kündigte der Grazer Bürgermeister Eduard Speck die Erwerbung des Thalersees an. Es blieb aber bei der Ankündigung. Noch 1958 kamen an manchen Tagen bis zu 10.000 Besucher, aber die Attraktivität des Thalersees schwand in der Folge. Auch mit dem beliebten Eislaufplatz in der Winterzeit konnte man an die einstige Attraktivität nicht mehr anschließen. Der Neubau von Restaurant und Hotel 1987 durch die Familie Kling war neben einem eher mäßigen Bade- und Bootsbetrieb nur noch ein Rest einstigen Erfolgs. Den Gästen bei Kling und den Wanderern rund um den Thalersee war die reduzierte Konjunktur im Vergleich von jener in der Ersten Republik vermutlich nicht unangenehm. Trotzdem war der Parkplatz beim Restaurant oft ausgebucht, aber seine Benutzer

Über Jahrzehnte war der Thalersee eine Ausflugsidylle mit Restaurant, Badebetrieb und Bootsverleih.

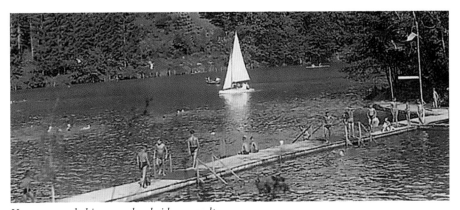

Um 1940 wurde hier sogar bescheiden gesegelt.

fielen bei der Größe des Naherholungsgebiets nicht unangenehm auf. Zwischen Sonnenschirmen, Enten und Fischen gab es so nahe bei Graz eine provinzielle Idylle, die trotz aller Frequenz doch etwas von einem exklusiven Geheimtyp an sich hatte.

Von zwei Ereignissen, die dem Thalersee mediales Echo brachten, soll hier berichtet werden. 1986 verlobte sich der bekannteste Bewohner von Thal, Arnold Schwarzenegger, in einem Boot am Thalersee mit Maria Shriver aus dem US-Kennedy-Clan. Das lange ausgestellte Boot ist nach gescheiterter Ehe nun verschwunden. Vor etlichen Jahren funktionierte nach einem Starkregen der Abfluss bei der Wehrregulierung nicht. Als das Boot, das sich dort verkeilt hatte, barst, rollte eine unheilbringende Flutwelle des Thalerbachs bis ins alte Zentrum von Gösting.

Thalersee neu

Als 1938 durch massive Eingemeindungen aus Graz ein Groß-Graz gemacht wurde, blieb Thal eine selbstständige Gemeinde. Wohl aber war auch Thal ursprünglich als ein Teil eines neuen großen Graz geplant. Solche Begehrlichkeit gibt es in der Gegenwart nicht mehr. Gerne hätten allerdings vor Jahren die Grazer Kommunalpolitiker die Querung der Stadt durch die Pyhrn-Autobahn nach Thal verschoben. Daraus wurde nichts, wohl aber gab es dann als Kompromiss zwischen den Trassenplänen Eggenberg und Thal den Plabutschtunnel. Die Bewohnerzahl von Thal stieg stetig von 862 im Jahr 1939 auf über 2260 Anfang 2018. 1995 wurde Thal zur Marktgemeinde erklärt. Eine weitere Attraktion ist die durch Ernst Fuchs exotisch gestaltete Jakobskirche. Die Eigentumsrechte für den Teich und seine Umgebung liegen nun bei der Gemeinde Thal und, insbesondere durch die Erwerbung durch die Holding Graz 2014, bei der Stadt Graz. Die Planung für die Neugestaltung ist weit fortgeschritten. Es ist hier nun nicht die Aufgabe eines Historikers, in die Zukunft zu schauen. Sie werden es erleben und hoffentlich zufrieden nutzen!

Die große Rutsche am Thalersee, um 1940.

Jäger und Sammler mit Graz-Bezug

Michaela Krainz, Öffentlichkeitsarbeit Stadt Graz

Graz-Historiker und BIG-Autor Karl Albrecht Kubinzky wurde 2020 80 Jahre alt. Eine Ausstellung im Haus der Geschichte des Joanneums zeigte Schätze und den Menschen dahinter.

Chaos. Unter dem strengen Blick seiner Tochter (Bild hinter dem PC) arbeitet Kubinzky zwar im Chaos, wohl aber erfolgreich.

Hoch oben. Das Suchen und Finden ist auch hier mit Aufwand verbunden.

Da kommt schon was zusammen: Karl Albrecht Kubinzky sammelt schließlich schon seit dem Gymnasium. „Und das ist dann doch eine Zeit her", scherzt der Graz-Historiker auf die ihm eigene Art und Weise.

Bücher, Bilder, Fotos, Ansichtskarten, aber auch Schilder, Zeitungen, Autos, deren Nummerntafeln ... All das und vieles mehr stapelt sich in seinen Räumlichkeiten. Platz genug ist vorhanden. „Ich bestelle regelmäßig weitere Laufmeter Regale dazu", lacht Kubinzky, der vorzugsweise nachts arbeitet. Viel Zeit verbringt er auch mit dem Suchen: „Das ist meine Hauptbeschäftigung. Dafür habe ich meine speziellen Techniken entwickelt." Vor drei Jahren hat ein Team des Joanneums damit begonnen, Ordnung ins Chaos zu bringen. Der traditionsreichen Institution hat Kubinzky nämlich einen Teil seiner Schätze anvertraut.

Kubinzkys Eltern 1941 mit dem später zum Graz-Historiker werdenden Sohn im Ausseerland.

Täufling im Auto im Jahr 1900 vor der St.-Anna-Kirche in der Münzgrabenstraße.

Lieblingsfotos

Als sich Klein-Kubinzky noch mehr für Stofftiere als für Graz-Geschichte interessierte.

Als man in den 30er-Jahren des 19. Jahrhunderts noch in der Mur badete.

Huldigung der „höheren Töchter" zum Regierungsjubiläum 1908 von Kaiser Franz Joseph.

Ein altes Meisterfoto. Vom Inneren des Cafés Herrenhof auf den Bismarckplatz (Am Eisernen Tor), gegenüber das Restaurant Reif.

Jäger und Sammler mit Graz-Bezug

Das 1966 abgerissene Kälberne Viertel von der Murseite; W. Bergmann, 1920.

Die Straßenkreuzung Bahnhofgürtel-Kalvariengürtel um 1935. Der Wagen zeigt das Grazer Kennzeichen „K 360".

Um 1910 fahren die Elektrischen am noch recht einsamen Griesplatz; Colorchromansichtskarte.

Am Eisernen Tor; Ölbild von Otto Wintersteiner, 1887.

Eröffnung der Ausstellung „Dein Graz": v. l.: Wolfgang Muchitsch, Astrid Aschacher, Alexia Getzinger und Karl A. Kubinzky; Foto: © Universalmuseum Joanneum/N. Lackner, 2021.

Mehr Einblicke? Sammlung Kubinzky!

Bis Ende Jänner 2021 hatte man Gelegenheit, den Sammler Kubinzky und seine Schätze aus der Nähe zu betrachten.

Einige weiße Flecken seien es gewesen, die ihn gestört haben, gibt er zu. Auch wenn die Sammlung Karl Albrecht Kubinzkys unfassbar groß ist, so gingen ihm doch jene Exponate ab, die im Museum für Geschichte gezeigt wurden. „Sammlung Kubinzky" – kuratiert von Gerhard M. Dienes (1953–2020) und Astrid Aschacher – lieferte Einblicke in das familiäre Umfeld des genialen Graz-Historikers, zeigte seinen speziellen Blick auf die Stadt in den letzten 150 Jahren. Bezüge gab es auch zur Steiermark sowie zu ausgewählten Regionen der Habsburgermonarchie.

Kubinzkys Rat für die Besucherinnen und Besucher: „Bitte begeben Sie sich ohne emotionalen Vorbehalt in die Ausstellung. Ich liebe die Geschichte, und ich lebe stundenlang in ihr, kehre aber gerne wieder in die Gegenwart zurück."